中国上市公司投资行为研究

On Investment Behavior of China's Listed Companies

周伟贤 田 婧 / 著

经济管理出版社

ECONOMY & MANAGEMENT PUBLISHING HOUSE

图书在版编目（CIP）数据

中国上市公司投资行为研究/周伟贤，田婧著．—北京：经济管理出版社，2011.10
ISBN 978－7－5096－1629－1

Ⅰ.①中…　Ⅱ.①周…　②田…　Ⅲ.①上市公司—投资—经济行为—研究—中国
Ⅳ.①F279.246

中国版本图书馆 CIP 数据核字（2011）第 204592 号

组稿编辑：杜　菲
责任编辑：杜　菲
责任印制：杨国强
责任校对：曹　平

出版发行：经济管理出版社
　　　　　（北京市海淀区北蜂窝 8 号中雅大厦 A 座 11 层　100038）
网　　　址：www.E－mp.com.cn
电　　　话：(010) 51915602
印　　　刷：北京京华虎彩印刷有限公司
经　　　销：新华书店
开　　　本：720mm×1000mm/16
印　　　张：12.75
字　　　数：176 千字
版　　　次：2013 年 8 月第 1 版　　2013 年 8 月第 1 次印刷
书　　　号：ISBN 978－7－5096－1629－1
定　　　价：42.00 元

序

　　对于社会而言，投资是拉动宏观经济增长的引擎，是推动社会发展和进步的重要保障。对于企业而言，没有投资就没有发展，投资是寻找新的赢利机会的惟一途径，贯穿于整个企业经营的始终。基于此，考察和研究投资行为既可以从宏观层面上进行，也可以进一步细化到对企业个体行为的研究，这也是公司金融在国际学术界盛行的一个主要原因。在关于公司金融的研究中，投资决策已成为当前学术界研究的热点和难点。

　　长期以来，西方经济学界对公司金融理论的研究不断深入。从克拉克的加速器投资理论、杜森贝里的旧流动性投资理论、约根森的新古典投资理论和托宾的 Q 理论，直到 20 世纪 70 年代开始的资本结构理论、代理成本理论、公司治理结构理论和融资约束理论等，相关领域的理论及其实证研究日趋丰富。近年来，西方公司金融理论的不断发展推动着国内学术界开展相应的分析和研究，国内关于公司金融领域的研究成果日趋增多。在此环境下，作者以国内上市公司投资行为作为研究的出发点，既与当前公司金融理论的发展相适应，又与自己的投融资实践经验相结合，是一个理论与实际高度结合的选题。

　　与西方资本市场相比，我国的资本市场尚处于初步发展阶段。国内资本市场中，占据主导地位的仍是由国有企业演化而来的上市企业。从国有企业的情况看，我国国有企业的治理模式属于典型的政府主导

·1·

型治理模式，其在股权结构、内部治理机制、外部治理机制方面的特点和缺陷，导致了严重的"内部人控制"问题与过多的"婆婆加老板"的干预问题并存现象。这就决定了中国国有企业的公司治理改革面临着一个两难选择：给企业经营管理者以充分的经营自主权是必要的，它可以带来企业效率的提高，但同时也可能导致较严重的"内部人控制"，导致股东利益的损失；国家作为大股东对企业进行监督和控制是必要的，但国家及其代理人所具有的特殊地位又使这种监督和控制难免带有行政色彩，导致对企业过多或不恰当的干预。在国有企业股份制改造之后，中国独特的公司治理文化和股权结构主导下的公司行为与经典的财务理论可能并不一致，特殊的制度安排使上市公司的治理结构存在一些与生俱来的缺陷，它们带来了居高不下的委托代理成本。本书紧扣上市公司投资行为这一主题，就非效率投资、多元化投资、募集资金投向变更等投资相关问题展开集中研究，既能较好地依托经典投资理论，又能客观地结合中国特殊的公司治理背景展开深入分析。

研究上市公司的投资行为可以从很多角度入手。本书将考察上市公司在投资过程中存在的主要行为特征，进而考察这些投资行为特征的影响因素作为研究的主体，不仅有助于我们更好地认识我国上市公司投资存在的主要问题及其原因，对于优化我国上市公司的投资行为将起到一定的指导作用，而且可为上市公司优化投资决策、实现公司价值最大化提供合理的实证依据。

从本书研究的三大主题看，上市公司投资效率的低下，源于其投资行为很多时候并不是以效率为出发点的。考察企业的非效率投资问题时，不仅应考察企业是否存在过度投资，更应注意企业是否有投资不足的现象。这与当前很多企业投资过度、同时资本市场上又有很多企业融资后去进行非实体经济投资的现象是一致的。本书以公司微观基本面因素为基础，结合股权或治理方面的影响因素来考察影响企业投资的决定因素，对非效率投资问题给出较全面和客观的解释。在多元化投资的研究上，本书根据国内非金融类上市公司的面板数据，以三种方法对上市公司的多元化程度进行了衡量，从七个方面研究了公司基本面因素对上市公司多元化投资的影响。根据成长性和企业盈利状况的差异，本书进一步研究了不同区间下这些指标对多元化影响的变化，这种区分有助于更好地分析多元化的不同制约条件，并据此分析成长性企业和财务困境企业不同的多元化战略需求。在募集资金投资方向变更的研究上，本书从三大方面研究了上市公司首发募集资金投资方向变更的影响因素，并得出了相应的研究结论。

综观本书，可以看到作者侧重于从基本面和代理问题对上市公司投资行为进行探讨，可谓是内外结合、主次结合。在委托代理理论、代理成本理论、公司治理理论等的视角下，对目前学术界未能解决的一些关键问题进行了拓展并开展了原创性研究，尤其是对投资过度与不足的衡量、多元化投资的成因、募集资金投向变更的预测等方面都弥补了现有研究存在的不足，是对国内上市公司投资行为研究的进一步深化。

当然，本书也存在一些不足之处。诚如作者所言，上市公司的投资行为之间可能是相互影响的，就某一侧面或某一角度的研究虽然可能加深对这一问题的看法，但也容易忽略其他因素的影响。鉴于企业投资行为的复杂性，系统地研究各种投资行为之间的关系、投资行为与内部基本面、外部市场环境之间的关系仍是未来进一步的发展方向，我期待本书的出版成为作者对投资问题展开进一步研究的新起点。

黄速建

2013.7.8

前 言

    在经济体制转轨的宏观背景下，我国上市公司的投资行为存在多方面的问题，如投资过度、投资不足、盲目多元化、变更投资方向和关联投资等。造成上述现象的原因主要在于大股东的控制权收益、管理者的实际控制利益、历史性与制度性的产权缺陷、融资软约束和董事会、监事会治理约束功能低下以及市场约束的缺乏等。

    针对上述现象，本书对我国上市公司的投资行为进行较为深入和系统的研究。以我国上市公司财务数据为基础，采用归纳、比较和实证分析等方法，对我国非金融类上市公司投资过度和投资不足等行为进行科学衡量，对上市公司多元化投资、上市公司募集资金投向变更等投资行为进行了深入分析，在此基础上发现影响中国上市公司投资行为的主要决定因素，并根据分析结果提出解决中国上市企业投资问题的对策和措施，以求在实践中为上市企业优化投资行为、提高投资效率提供理论指导。

    经研究分析，本书得出的主要结论是：

    第一，我国非金融类上市公司较为普遍地存在非效率投资现象，其中投资不足的样本数要多于投资过度的样本数，表明投资不足问题可能更为严重。公司的基本面因素是决定企业投资过度或投资不足的最基本因素，其中资产增长率、债务期限结构、现金流和企业年龄这四个主要因素是决定企业非效率投资行为的最基本因素，股权变量虽然可能有影响，但相对而言并不重要。

第二，不同上市公司之间的多元化程度存在着较大差异。在以 $Ln(N)$ 为因变量时，投资规模和资产收益率与投资多元化负相关，资产负债率和企业年龄与投资多元化正相关；分别以 H 和 EDI 为因变量时，则企业规模、资产收益率、企业年龄对多元化具有显著影响，其中企业规模与多元化负相关。进一步区分了不同的成长区间和盈利区间后发现，不同情况下不同的指标具有不同的影响。当考虑了股权的影响之后，部分基本面因素可能会对以熵指数衡量的多元化产生一定的影响。

第三，在上市公司首发募集资金投资方向变更的影响因素方面，企业上市前盈利水平、上市时成长性和上市首日市净率与投资变更概率显著正相关，企业规模和上市首日换手率与投资变更概率显著负相关，股权结构指标对投资变更概率没有显著影响。通过对各指标进行组间均值检验研究，结果发现净资产收益率、资产规模、首发融资额对数、融资额/总资产、Tobin Q、上市首日市净率、上市首日换手率和流通股比例这八个指标存在显著差异。

根据上述结论，本书提出相应的对策建议：

第一，与过度投资相比较，投资不足问题应引起更多的重视。这就需要进一步发挥债务对企业投资的约束功能，在关注企业自身微观基本面因素的基础上，进一步改善上市公司的股权结构。

第二，企业应该慎用多元化战略，做到生命周期的顺利衔接与发展，从而保证企业的长盛不衰。同时，进一步完善多元化的外部约束机制，加强债权人保护，发挥债务治理功效。

第三，针对上市公司变更募集资金投向的现象，应加强对企业上市发行前的财务审查，加大上市公司股票发行特别是募集资金投资项目和投资效益的审核力度，增加有关变更募集资金的约束机制，并强化市场信息披露的准确性和及时性。

第四，要治理上市公司的非理性投资，就必须采用各种直接或者间接的手段对其投资行为进行约束，如进一步优化股权结构，提高管理者素质，完善管理者股权激励机制，完善公司治理结构，建立理性、科学和规范的投资决策制度，硬化分红约束，倡导理性分红文化，实施资金运用的动态考察，发挥机构投资者功能，培养理性投资理念等。

本书的主要贡献是：对上市公司投资过度和投资不足进行科学度量，填补了现有研究的空白，对上市公司多元化投资的成因、募集资金投向变更的预测等方面的研究，弥补了现有相关研究存在的不足，进一步丰富和发展了公司投资理论。本书根据研究结果所提出的对策和建议，对于优化我国上市公司投资行为，提升公司投资效率，实现上市公司价值的最大化具有较强的指导作用。

目　录

第一章 导 论

一、选题意义

投资决策作为公司的三大财务决策之一，不仅涉及资金的筹集问题，即投资资金的来源问题，而且涉及资金的配置效率问题，即筹集的资金如何有效利用的问题。投资收益的不确定性和企业债务融资的还本付息形成了不确定的现金流入与确定的现金流出的矛盾，两者的不匹配问题形成了公司的财务困境。因此，较之公司的其他两大财务决策——融资决策和股利决策，投资决策更加复杂和困难，因而成为现代财务管理研究的热点和难点。

在完美的资本市场条件下，公司的投资决策与资本结构无关（Modigliani & Miller，1958）。但是 Jensen 和 Meckling（1976）指出，由于信息与激励缺陷的存在，企业的管理机构直接影响公司的投资决策。信息不对称、代理成本的引入使得公司投资的决定因素得到了进一步的拓展，也使得人们开始从股权结构、公司治理角度来探讨它们对公司投资的影响。近年来，我国学者对上市公司的投资行为的研究主要集中在投资效率和融资约束上，而对公司投资水平与股权结构、公司治理之间关系的实证探讨并不多。周杰（2005）研究了我国上市公司管理层股权结构如何影响公司投资，结果表明我国上市公司存在过度投资的行为，而董事长与总经理持股有助于改善企业的投资行为，减少企业的过度投资。但魏锋和冉光和（2006）发现，无论有无控制变量，管理层持股比例对公司投资的影响都不显著。饶育蕾和汪玉英（2006）则发现第一大股东持股比例与投资—现金流敏感度之间存在显著的负相关，并且当第一大股东是国家股时，负相关系数更大。由于我国的证券市场和上市公司的治理结构都有别于西方企业，上市公司的股权结构更是异常复杂，这些对企业的投资水平会不可避免地产生重要的影响。

从现实情况看，经过三十多年的改革，以价值最大化为核心的企业理念日趋形成，企业的投融资决策开始向理性与规范化迈进。然而，我国上市公司是在政府行政力量主导下，通过否定、改造计划经济的企业制度，采用逐步推进与逐渐介入的方式而产生的，特殊的制度安排使上市公司的治理结构存在一些与生俱来的缺陷，它们带来了居高不下的委托代理成本，致使上市公司经营效益低下、盈利能力萎缩。2007年3月19日，中国证监会发布的通知指出，上市公司募集资金的使用必须符合相关法规规定，禁止上市公司挪用募集资金参与新股配售、申购，或用于股票及其衍生品种或可转换债券等的交易，这针对的就是上市公司滥用现金流的非理性投资行为。在中国特色的大背景下，多数中国上市公司不缺资金，缺的是真正意义上的好项目，缺的是对可能投资的项目进行的尽可能的分析选择，以达到投资收益最大化。上市公司在投资决策上表现出相当的非理性成分，最主要的就是经常讨论的过度投资和盲目多元化投资，前者体现的是投资总体水平的失衡，后者体现的是投资结构失衡。

从根本上说，上市公司投资效率的低下，源于其投资行为多数情况下并不是以效率为出发点。作为中国企业中的佼佼者，我国的上市公司虽然具有上市所带来的融资便利和相对较好的公司治理，但在转轨时期的独特市场背景下，这些优势远远未能真正完全有效地得到发挥，不少上市公司的投资行为往往体现为急功近利地扩大企业规模、只注重眼前利益，投资于那些未经严格的可行性分析、没有良好远期收益且不能可持续发展的项目上，因而投资失败的现象屡见不鲜。在此背景下，对我国上市公司的投资行为进行系统的考察，必将有助于更好地验证国外的相关理论是否能用来解释我国上市公司的投资行为，从而真正做到理论联系实际、理论指导实际。

一般而言，研究上市公司的投资行为可以从多角度入手，如投资与现金流的关系、投资与股权结构的关系、投资行为的绩效等。本书认为，研究上市公司的投资行为首先必须分析和归纳上市公司在投资过程中的主要行为特征，在此基础上考察这些投资行为特征受到哪些基本因素的影响，并进一步考察这些基本因素对投资的影响程度，从而针对这些分析提出规范企业投资行为、提升投资效率的对策与建议。

从理论意义上看，本书系统归纳了中国上市公司投资行为的主要问题，在此基础上侧重于基本面和代理问题对其原因进行探讨，做到内外结合、主次结合；在具体的研究方法上，对上市公司投资过度和投资不足进行科学度量填补了现有研究的空白；对上市公司多元化投资的成因、募集资金投向变更的预测等方面的研究弥补了现有相关研究存在的不足，从而进一步丰富和发展了公司投资理论。

从现实意义上看，本书将有助于更好地考察我国上市公司投资存在的不足和缺陷，对产生这些问题的原因分析也有助于相应的决策者和管理者对此产生足够的认识和重视，并采取相应的措施和对策。这对于优化我国上市公司投资行为、提升公司投资效率，从而实现公司价值最大化具有较强的实践意义。

二、文献回顾

早期的西方投资理论形成于 19 世纪 70 年代初到 20 世纪 50 年代末，主要是以 Clarke（1917）为代表的朴素加速器理论，后经 Chenery（1952）和 Koyck（1954）等人的发展而成为西方最早的投资决策理论。20 世纪 60 年代初期 Jorgensen（1963；1966；1967；1971）将新古典生产函数引入企业投资函数中，承认资本和劳动投入之间替代的可能性，运用连续时间的动态最优模型来描述企业的投资行为，产生了新古典投资理论，标志着现代企业投资理论的形成。此后，Tobin（1969）提出了著名的 Q 理论。

自 20 世纪 70 年代开始，委托代理理论、非对称信息理论、契约理论、公司治理结构理论逐步运用于现代企业投资领域的研究，为投资理论的发展掀开了新的篇章。同时，也为上市公司投资行为及其成因的研究提供了强大的理论支撑。在企业的委托代理理论中，Jensen 和 Meckling（1976）分析了企业股权融资的代理成本。

Jensen 1986 年的研究成为投资过度研究的重要理论基础。他所发表的题为《自由现金流量的代理成本、公司财务与收购》的文章正式提出"自由现金流量"这一概念，并且把它定义为"企业现金中满足以资本成本进行折现后 NPV > 0 的所有项目所需资金之后的那部分剩余现金流量"。自 Jensen 提出该假说后，学术界对其进行了大量的实证检验。包括 Lang 和 Lizenberger（1989）从股利政策角度进行了实证检验，提出了"过度投资假设"（Over - investment Hypothesis）①；Vogit（1993）引进 Q 与现金流的相互影响变量后，实证结果支持管理机会主义假说。Carpenter（1994）根据债券约束理论引进了负债变量后进行回归检验，结论表明大多数公司利用债券融资来增加投资，而不是作为监管经理人的手段。

Myers（1984）与 Myers 和 Majluf（1984）则从信息经济学理论方面对投资问题提出了另一种解释，他们认为，在企业外部投资者和内部管理者之间存在着有关企业现有资产价值或企业投资项目的预期现金流收益方面的信息不对称时，企业为实施投资项目所发行的融资证券有可能在资本市场上被投资者高估或低估，企业融资证券的高估或低估会导致企业投资决策中的过度投资或投资不足行为的发生。

除了对投资过度与不足进行分析外，上述理论也适用于对其他投资行为的分析，如投资的多元化问题。从企业多元化投资的理论解释出发，多元化投资的实证研究主要围绕公司基本面因素、制度环境因素、行业因素、公司治理因素来进行。如 Amihud 和 Lev（1981）对管理者控制型公司与股权分散型公司的比较。Denis 和 Sarin（1997）对公司多元化程度与高管和董事会持股关系的研究。Sheng - Syan Chen 和 Kim Wai Ho（2000）对多元化与委托代理问题的研究。Liu Yang（2004）对治理水平与多元化经营战略的研究。所有这些都可以说是投资理论进一步的解释领域。

鉴于传统体制下固有的预算软约束和强烈的扩张冲动以及投资低效率，投资问题在国内受到了很大的关注，这些研究体现在三个方面：一是研究企业非效率投资的表现，如盲目多元化、盲目资本运营、盲

---

① 过度投资公司股利政策的变更，改变的是投资者对公司未来投资于净现值小于零的项目规模的预期，在其他条件不变时，股利增加可以降低未来过度投资水平，从而提高公司价值，股利降低会有相反的结果。

目投机、"不自量力"、"为所欲为"、"任人宰割"等等;二是关注投资的融资约束问题,即企业的投资形成资金需求,由此内部现金流会制约企业的投资,而债务也会形成对投资的约束,因为债务杠杆的提高将带来未来融资的困难;三是研究企业投资的效率问题,主要是研究企业多元化投资与企业绩效的关系,对此的研究基本上指出多元化会带来企业价值的损失。

在过度投资研究方面,周杰(2005)、魏锋和冉光和(2006)、饶育蕾和汪玉英(2006)的研究大多在一般的层面上来考察影响上市公司投资行为的主要因素。另一类文献则集中于研究过度投资问题,通过确定过度投资的衡量指标,进而考察资本结构、自由现金流量、公司治理因素对过度投资的影响。其中,李鑫(2007)、张功富(2007)、胡建平和干胜道(2007)、罗琦、肖文翀和夏新平(2007)从现金流角度,刘昌国(2006)、李鑫(2008)从股权结构角度,李鑫(2007)、李鑫和孙静(2008)、李维安和姜涛(2007)从公司治理角度,范从来和王海龙(2006)、赵红梅和蒲蓉(2008)、王艳辉和杨帆(2007)从资本结构角度,分别对公司过度投资的影响因素方面进行了相应的实证研究。

1997年,鉴于我国企业多元化经营的高潮和韩国大企业集团受到亚洲金融危机的冲击,促使我国理论界开始对企业多元化经营战略进行研究,其中投资多元化问题同样受到了较多关注。在此阶段,学者主要研究企业投资多元化对企业经营状况、经营绩效的影响,如刘力(1997)。近年来,一些学者开始进一步将研究视角投入到多元化投资的决定因素方面,这些研究包括易行健、杨碧云和聂子龙(2003)、饶茜和唐柳(2004)、周晓燕(2004)、秦拯、陈收和邹建军(2004)、王化成和胡国柳(2004)等人。

此外,国内上市公司还有一个非常特殊的现象,那就是上市公司频繁变更募集资金投向，而国外由于很少存在此类现象，因而海外学者几乎没有对此展开专门的研究。近年来，国内学者从募集资金投向变更的表现（王诗才，2002；陆兴顺，2003；刘勤等，2002；刘少波和戴文慧，2004）、募集资金投向变更的原因（刘勤等，2002；朱武祥，2002；王诗才，2002；童生，2004）、募集资金投向变更的影响（陈文斌和陈超，2007；吴文锋等，2007；邹彩芬和许家林，2007；姜锡明和刘西友，2008）、募集资金投向变更的原因（刘少波和戴文慧，2004；陈文斌和陈小悦，2005；张为国和翟春燕，2005；黄品奇和杨鹤，2006；陈美玉，2007；刘津、郭志明和李礼，2008；郭昱和顾海英，2008）等方面进行了大量的研究。

以上研究对本书了解企业的投资行为提供了很大的帮助，但仍有许多问题尚未得到解决，不仅分析结果难以统一，不少研究结论也难以令人信服。归纳起来，已有研究存在的问题主要体现在以下几个方面：

（1）企业的投资除了受到现金流和债务约束之外，还受到其他哪些因素的影响？由于代理成本是影响企业投资问题的一个重要因素，相应的股权结构、董事会结构和公司治理是如何影响企业投资行为的？由于我国的证券市场和上市公司的治理结构都有别于西方企业，上市公司的股权结构更是异常复杂，这些对企业的投资水平不可避免地会产生重要的影响。因此国外的相关理论是否能够用来解释我国上市公司的投资行为，尚有待进一步的实证检验。

（2）如何来衡量上市企业的过度投资？学术界一般认为，我国上市公司存在过度投资问题，但已有的大部分成果仅局限于归纳和总结过度投资的各种表象，而很少从财务数据上对上市公司过度投资的程度进行合理的衡量与界定。鉴于此，本书试图以合理的方法对我国上市公司的过度投资程度进行科学衡量。

（3）产生过度投资的原因是什么？学术界一般认为，代理成本是根本原因，不同的资本结构和代理成本状况将显著影响过度投资的具体情况。本书认为，这些结论确实有值得肯定之处，但研究结果往往不是建立在科学衡量过度投资的基础上得出的。而且，实践经验表明，影响上市公司产生过度投资的因素是十分复杂的，资本结构和代理成本仅能说是影响过度投资的部分主要因素，企业不同的发展阶段以及不同性质企业发生过度投资的影响因素必然是不同的。因此，已有的研究结论和研究结果并不能完全揭示产生过度投资的主要影响因素。

（4）上市公司投资的多元化问题同样需要进一步的思考。一方面，投资的多元化将显著改变企业的业绩；另一方面，盲目的投资多元化将会导致企业价值的损失，尽管目前国内对于多元化投资的绩效已有一定的研究，但仍有许多问题没有解决，如多元化投资与绩效之间是否存在内生的相互影响、多元化的决定是否存在不同的区间效应等，这些问题都有待学者进一步的研究。

此外，在募集资金投向变更方面，上市公司究竟选择什么时限的指标可以做出更早更准确的预测？能否在企业融资之前就预测出其未来变更投资方向的概率？现有的研究在这些方面较为缺乏，这个问题也正是本书试图予以解决的。

三、研究内容与研究方法

（一）研究内容

本书将投资问题研究置于中国经济体制转轨的宏观背景下展开，在系统总结我国上市公司投资行为基本特征的基础上，着重实证研究上市公司投资过度与投资不足、上市公司多元化投资、上市公司募集资金投向变更三大投资行为，致力于发现影响中国上市公司投资行为的决定因素，并根据分析结果提出优化中国企业投资行为的对策和措施，以求在实践中为上市企业优化投资行为、提高投资效率提供理论指导。

具体而言，本书共分七章，其中：

第一章为导论。第一节介绍研究背景、目的与选题意义，第二节为国内外研究现状与启示，第三节介绍研究的主要内容和方法，第四节为本书的创新与不足之处。

第二章为投资行为研究的理论基础。在介绍传统的企业投资理论如 Clark 的加速器投资理论、Jorgensen 的新古典投资理论和 Tobin 的 Q 理论的基础上，重点介绍和总结 20 世纪 70 年代以来的投资理论，主要包括资本结构理论、委托代理理论和融资约束理论等，并将它们作为后续各章节展开分析研究的理论基础。

第三章对我国上市公司的投资行为进行归纳、总结和分析，并提出造成我国上市公司非效率投资的原因。本书将我国上市公司的投资问题归纳为五个方面：贪大的投资过度、短视的投资不足、盲目的投资多元化、随意的投资变更和隐蔽的关联投资。认为要分析产生这些问题的原因，首先应该从投资决策的利益相关者，尤其是投资决策的决策者利益出发来进行研究，同时考虑公司投资的物质基础，最后考虑公司做出投资决策时所面临的内外约束。据此认为，决策主体、物质基础和约束是分析上市公司无效率投资的基本出发点。根据此思路，本章从大股东的控制权收益、管理者的实际控制利益、历史性与制度性的产权缺陷、融资软约束、董事会及监事会治理约束功能低下、市场约束的缺乏六个方面分析形成我国上市公司无效率投资的主要原因。

第四章在一般意义上讨论影响上市公司投资行为的因素，并具体研究了上市公司投资过度与投资不足的主要影响因素。根据资产增长率、Tobin Q、债务期限结构、现金流、企业规模、销售增长率和企业年龄来估计投资方程，并将位于投资方程左上方，并且处于均值和中位数中相对大者之上的样本上市公司定义为过度投资者，将位于投资方程右下方，并且处于均值和中位数中相对小者之下的样本上市公司定义为投资不足者。在此基础上，运用二分类 Logistic 回归模型对投资过度与不足的主要影响因素展开研究。

第五章将企业价值与多元化结合起来，对我国上市公司多元化的原因进行了实证研究。本章采用上市公司所涉足行业数目的自然对数、赫芬达尔指数、熵指数三种衡量方法对上市公司的多元化程度进行了衡量，通过 Tobin Q 指标和资产收益率指标划分不同的区间，对上市公司多元化投资的影响因素展开实证研究。

第六章从公司基本面、上市交易时市场反应和股权结构三大方面对上市公司首发募集资金投资方向变更的影响因素进行了研究，运用二分类 Logistic 回归模型，从净资产收益率、资产规模、首发融资额对数、融资额/总资产、Q、上市首日市净率、上市首日换手率和第一大股东持股比例、流通股比例等方面展开实证研究。

第七章为结论和对策建议。在归纳总结各章的实证研究结论之后，根据实证结果提出相应的直接微观对策建议，并从资本市场整体发展的角度提出相应的宏观政策建议。

按照上述研究内容，建立了研究逻辑路线图，如图 1 - 1 所示。

（二）研究方法

鉴于上市公司投资行为是一个较为前沿的研究课题，因此，为了与研究内容和研究目的相适应，本书采用了多种研究方法，包括规范

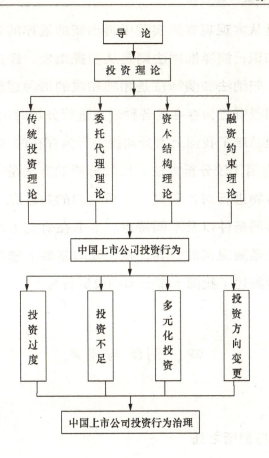

图 1-1 本书逻辑路线

研究方法和实证研究方法以及归纳法、比较分析法等。具体如下：

（1）做到规范研究和实证研究相结合。上市公司投资是理论性和实践性都很强的领域，为了充分揭示上市公司投资行为的特点和形成这些投资行为的原因，本书尽可能结合规范研究和实证研究方法，在研究过程中对具体问题进行深入、详实的探讨。如对上市公司投资行为的特点研究方面采取规范研究方法，对上市公司投资行为的原因问题则采取实证研究的方法。

（2）用好归纳法。归纳总结和演绎推理是理论研究中常用的重要方法。归纳法是从客观观察到实践中得出新的规律的总结过程，它不依赖于以前的知识；演绎推理法则是从前提出发，经过推理分析，得到结论的方法。归纳法和演绎法是相辅相成的两种逻辑方法。本书在对我国上市公司投资行为存在的各种现象进行分析时就采用了归纳法，从而较为系统地总结了我国上市公司投资行为存在的主要问题。

（3）合理应用比较分析方法。比较分析的方法是将属于同一范畴的两个以上的事物进行对比研究，分析它们的共性和区别，研究事物存在、变化的共同条件以及不同特点。本书在研究上市公司投资行为时，基于国内外金融现实的差异，在比较的基础上选择合理的理论解释，从而较好地阐述了我国上市公司的投资行为。

四、创新与不足

（一）特色与创新之处

本书是对国内投资行为研究的进一步深化，在委托代理理论、代理成本理论、公司治理理论等视角下，对已有研究所未能解决的一些关键问题进行修正，对一些研究空白展开原创性研究，主要的特色与创新之处是：

（1）对我国上市公司的投资行为进行归纳总结分析，将投资问题归纳为五个方面，提出决策主体、物质基础和约束是分析上市公司无效率投资的基本出发点，认为造成我国上市公司非效率投资的原因首先应该从投资决策的利益相关者，尤其是投资决策的决策者利益出发来进行研究，同时，还必须考虑公司投资的物质基础，最后考虑公司做出投资决策时所面临的内外约束。这一思想始终贯穿整个研究过程。

（2）对我国上市公司的过度投资和投资不足问题进行科学衡量。首先在理论上证明了已有研究的失误，即不能把投资水平高简单地理解和等同为过度投资，投资取决于公司的一系列基本条件；还在实证研究的基础上，提出了通过回归残差来度量过度投资的方法，这是基于公司诸多共同条件考虑后的正确方法，在此基础上，通过 Logistic 模型对过度投资的成因进行进一步的研究，从而填补这一领域的研究空白。

（3）从成长性、企业规模、资产负债率、投资规模、自由现金流量、资产收益率和企业年龄等方面研究了公司基本面因素对上市公司多元化投资的影响。根据成长性和企业盈利状况的差异，还进一步研究了不同区间下这些指标对多元化影响的变化。这些研究不仅有助于相关人士更好地认识企业多元化决策的物质基础，进一步加深对企业多元化投资的理解，而且是对投资理论的进一步丰富，具有一定的学术价值。

（4）从公司基本面、上市交易时市场反应和股权结构三大方面研究了上市公司首发募集资金投资方向变更的影响因素，弥补了已有研究的不足。在研究过程中，采用了融资年份与变更年份较为接近的样本进行研究，以尽可能地剔除经济变化的影响，从而更好地考虑企业是否在 IPO（首次公开募股）之初就存在变更动机；采用募集资金时的指标数据而不是采用募集资金变更公告当年的数据进行预测研究，从而达到研究数据的精确和研究结果的准确。

（二）不足

（1）着重从各个侧面对上市公司的非效率投资、多元化投资和募集资金投向变更进行研究，尽管有利于加深对这些投资行为的理解，但由于上市公司的投资行为之间的相互影响关系尚未得到研究验证，因此有必要对此进行研究。

（2）从研究方法上，虽然大量采用了实证分析，但对面板数据的使用尚有进一步挖掘的空间；不同的面板数据模型都可以改进，以达到更好地反映一些潜在的因素影响。这些不足均有待于后续的研究中予以修订和完善。

第二章　上市公司投资行为
研究的理论基础

经过长期的发展，西方经济学对企业投资行为的分析已经比较丰富。早期的企业投资理论主要包括 Clark 的加速器投资理论、Dusenbery 的流动性投资理论、Jorgensen 的新古典投资理论和 Tobin 的 Q 理论。总体而言，这些分析都是在新古典分析框架内进行的：假定企业投资是可逆的，并且可以自由地借入和贷出资金，即不存在不确定性和融资约束。随着信息经济学的兴起和资本结构理论的发展，自 20 世纪 70 年代开始，资本结构理论、代理成本理论、公司治理结构理论和融资约束理论逐步运用于现代企业投资领域的研究，为投资理论的发展掀开了新的篇章。同时，也为上市公司投资行为的研究提供了强大的理论支撑。

一、传统企业投资理论

一般来说，传统企业投资理论主要指新古典综合派以前的投资理论，它的主要内容包括加速器投资理论、新古典投资理论和 Tobin Q 理论。这些理论有两个分支，一是从企业内部决策出发，根据企业利润最大化假设，借助企业长期成本曲线等工具推导出企业的最优投资决策，这方面的理论包括现金流量模型、加速器模型和新古典模型等。二是从企业的外部环境出发，利用资本市场的评价来导出企业的最优投资决策，这方面的理论主要是 Tobin Q 模型。在这四个理论当中，传统的流动性投资理论形成于 20 世纪 50 年代末期至 60 年代初期，其主要观点是：由于信息不对称和代理问题，外部资金成本较内部资金成本要高，企业投资的资金主要取决于企业的内部现金流，即投资受内部资金约束。但由于它缺乏严密的理论基础而不得不让位于当时的新古典投资理论和 Q 理论。因此，本节主要介绍其余三个理论。

（一）凯恩斯主义的投资理论：加速原理

古典经济理论认为，作为资本需求的投资和作为资本供给的储蓄在资本市场上通过利率的调节达到平衡，因此投资被认为是利率的函数。由 Clark（1917）提出并经 Samuelson（1939）等人发展的加速原理（Acceleration Principle）率先对古典投资理论发起了挑战。加速原理与古典理论的差异在于：加速原理认为投资不是利率的函数，而主要是由产出的变化所决定。

加速器投资理论是西方学者早期用于投资研究的主要模型，它经历了漫长的发展阶段。1917 年首先由 Clark 提出原始的加速器模型，该模型假定资本存量与产出存在一个固定的比例关系，表示为：

$$K_t^* = vQ_t \qquad\qquad (2-1)$$

式中：K_t^* 为第 t 期的合意资本存量，即可获得最大利润的资本存量，Q_t 为第 t 期的产量；v 为比例关系。

假设在每个时期实际资本存量（kt）都能及时调整到合意资本存量水平，那么：

$$K_t = K_t^* \tag{2-2}$$

令 I_t 表示第 t 期的净投资，有：

$$I_t = K_t - K_{t-1} = K_t^* - K_{t-1}^* = v(Q_t - Q_{t-1}) \tag{2-3}$$

式（2-3）即为原始加速原理公式。

但实际资本存量一般不能及时调整为合意资本存量，欲保证 $K_t = K_t^*$，就需要资本品的弹性供给，需要企业维持不变的资本产出比，即假定产出与资本成比例地增加或减少，而这些都与实际情况相矛盾，因此该投资函数模型对样本数据的拟合性较差。

针对实际资本存量都能及时调整到合意资本存量这一假设的不实际性，1954 年，Koyck 不再假定资本实际存量等于最佳存量，提出了灵活的加速器模型（Flexible Accelerator Model），即：

$$K_t - K_{t-1} = \lambda(K_t^* - K_{t-1}), 0 < \lambda < 1 \tag{2-4}$$

将式（2-1）代入式（2-4）得：

$$K_t = \lambda v Q_t + (1 - \lambda)K_{t-1} \tag{2-5}$$

$$K_{t-1} = \lambda v Q_{t-1} + (1 - \lambda)K_{t-2}$$

最终结果为：

$$K_t = v\lambda Q_t + (1 - \lambda)[v\lambda Q_{t-1} + (1 - \lambda)K_{t-2}]$$

$$= v(\lambda Q_t + \lambda(1 - \lambda)Q_{t-1} + \lambda(1 - \lambda)^2 Q_{t-2} + \cdots) \tag{2-6}$$

式（2-6）表明 t 时刻的资本存量 K_t 不仅取决于现期产出，而且与过去各期的产出水平有关，但是过去的产出水平对当前的资本存量的影响越来越小，影响力度呈等比递减规律。

如果考虑折旧，设 d 为折旧率，那么：

$$D_t = dK_{t-1}$$

$$I_t = K_t - K_{t-1} + D_t \tag{2-7}$$

$$= K_t - K_{t-1} + dK_{t-1}$$

$$= \lambda vQ_t - \lambda K_{t-1} + dK_{t-1}$$

$$= \lambda vQ_t + (d - \lambda) K_{t-1}$$

利用 $I_{t-1} = K_{t-1} - K_{t-2} + dK_{t-2} = K_{t-1} - (1-d) K_{t-2}$，有：

$$I_t - (1-d)I_{t-1} = \lambda vQ_t + (d-\lambda)K_{t-1} - (1-d)(\lambda vQ_{t-1} + (d-\lambda)K_{t-2})$$

$$= \lambda vQ_t - \lambda v(1-d)Q_{t-1} + (d-\lambda)(K_{t-1} - (1-d)K_{t-2})$$

$$= \lambda vQ_t - \lambda v(1-d)Q_{t-1} + (d-\lambda)I_{t-1} \qquad (2-8)$$

所以：

$$I_t = \lambda vQ_t - \lambda v(1-d)Q_{t-1} + (1-\lambda)I_{t-1} \qquad (2-9)$$

由于式（2-9）不需要资本存量，所以比较实用。

加速原理具有一定的微观基础，对经验数据也有相当的解释力。但是，这一理论也有着明显的缺陷：①厂商在大多数情况下不是资本的租赁者，而是资本的拥有者，加速原理中的资本租赁价格这一概念不具有很强的现实意义，事实上，只要资本价格发生变化，资本使用价格就会偏离资本租赁价格，因为拥有资本的厂商必须承担价格变化所带来的风险。②由于没有考虑长期利润，厂商的跨期最优选择行为也被排除在加速原理之外。③模型中采用的简单几何滞后结构不足以反映实际中复杂的投资行为。④加速器原理必须在没有资本闲置的条件下才成立，而完全没有闲置的情况是很少的。⑤模型中资本产量比为常数，只存在外延扩大再生产，而对于实际存在的内涵扩大再生产则无能为力。⑥模型中省略了自发投资，即不受产出变动制约，由于心理因素、技术变革或政治因素而决定的那部分投资。这些缺点从一定程度上限制了加速器投资理论的发展。

（二）新古典投资模型

20 世纪 60 年代，美国经济学家 Jorgensen 在其经典论文《资本理论和投资行为》中，构造了一个动态的最优化模型，并用该模型来描述厂商的投资行为。在这个动态的最优化模型中，Jorgensen 将新古典生产函数引入投资函数，并在考虑了资本与劳动投入之间的可替代性、要素价格和产出水平的情况下，使期望收益的贴现值与资本和劳动投入支出之和的差最大化，从而得出了优化企业资源配置的动态合意资本存量的决定方法，特别适于作微观实用性分析。

在 Jorgensen 的模型中，有如下前提假设：

（1）所有的市场都存在完全竞争的情况，表明企业在购买和租借设备时有完全的自由，在一定利率下借进和借出资金都不受限制，并且在资本市场上租借一个设备相当于借钱去购买这个设备。

（2）在将现有资本存量调整为最优资本存量时不需要支付费用。

（3）生产函数是通常所谓的新古典生产函数，并且以利润最大化为目的。

厂商的目标是实现各期利润现值总和的最大化。

假设有如下生产函数：

$$Y = F(K,L), F_1 > 0, F_2 > 0, F_{11} < 0, F_{22} < 0 \qquad (2-10)$$

式中：Y、K 和 L 分别表示产出、资本和劳动。假设产品的价格为 P，工资水平为 W。资本租赁价格为 r_K。

在新古典投资理论中，厂商的目标函数可以表示为：

$$\max \sum_{t=0}^{\infty} \frac{Y_t - W_t L_t - P_t I_t}{(1+r)^t} \qquad (2-11)$$

以利润最大化为目标的厂商将根据以下最优规划来确定资本投入和劳动投入：

$$\lambda = \sum_{t=0}^{\infty} \left\{ \frac{F(K_t, L_t) - W_t L_t - P_t I_t}{(1+r)^t} + \lambda_t \left[I_t - k_{t+1} + (1-\delta) K_t \right] \right\} (2-12)$$

式中：λ_t 为拉格朗日乘子，表示第 t 期资本的影子价格。分别对 I_t 和 K_t 求导，可以获得以下两个一阶条件：

$$P_t = \mu_t \qquad\qquad (2-13)$$

$$F_1(K_t, L_t) = r\mu_{t-1} + \delta\mu_t - \Delta\mu_t \qquad\qquad (2-14)$$

式中：$\mu_t = \dfrac{\lambda_t}{(1+r)^t}$ 表示资本影子价格的现值。本文还可以得到以下的横截性条件：

$$\lim_{t \to \infty} \mu_t K_{t+1} = 0 \qquad\qquad (2-15)$$

式（2-14）表明资本影子价格的现值应当等于投资品的价格，将式（2-14）代入式（2-15），得到：

$$F_1(K_t, L_t) = rP_{t-1} + \delta P_t - \Delta P_t \qquad\qquad (2-16)$$

式（2-16）的左边代表资本的边际收益，右边则代表资本的边际成本。资本使用价格是衡量资本边际成本的常用指标，它由三部分组成：第一部分是资本的机会成本。如果厂商在第 $t-1$ 期出售一单位的资本品，并把所得进行金融资产投资，他在第 t 期就可获得数量为 r 的收益。因此，在上述模型中，资本的机会成本可以用 rP_{t-1} 表示，即式（2-16）右边的第一项。第二部分是资本使用过程中所产生的折旧。在式（2-16）中，单位资本每期的折旧为 δP_t，即右边的第二项。此外，投资品价格的变动也影响着资本的使用价格。如果投资品价格上升，厂商拥有的资本增值，资本使用价格就会下降；反之则上升。投资品价格变动对资本使用价格的影响可以用 ΔP_t 表示，即式（2-16）右边的第三项。由此可见，式（2-16）中的右边实际上代表资本的使用价格，而式（2-15）所示横截性条件的经济含义则是厂商在无限期界的资本现值必须为零。由于资本受到非负的约束，$\lim_{t \to \infty} \mu_t K_{t+1}$ 只可能大于或等于0。但是，只要 $\lim_{t \to \infty} \mu_t K_{t+1} > 0$，即厂商在无限期界还掌握着具有一定价值的资本，他就可以通过出售资本来提高长期利润的现值总和，这种情况显然不是厂商的最优选择。

Jorgensen 对他的新古典厂商投资理论模型所作的严格的条件假定，影响了这个理论的应用，随后许多著名经济学家对此做了改进，这些改进促进了新古典厂商投资理论的发展。Jorgensen 的条件假定中强调了旧货市场，旨在忽略企业资本存量调整的时间和成本，但这与实际相差太远。对此，阿罗指出不存在完善的资本品旧货市场，任何投资都必须支付一定的沉没成本，并提出了不可逆条件下的厂商投资理论；卢卡斯指出资本存量调整必须支付成本，并提出了调整成本的所谓"后新古典主义厂商投资理论"。

（三）托宾的 Q 理论

1969 年，美国耶鲁大学教授 James Tobin 针对 Jorgensen 的理论缺陷，建立了一个全新的厂商投资理论——托宾的 Q 理论。严格地说，托宾的 Q 理论不属于新古典主义理论体制中的厂商投资理论的范畴。

$$Q = \frac{股票的市场价值}{资本的重置成本}$$

在最简单的理论框架中，一家企业的 Q 值等于该企业支付的每单位资本的未来预期利润的贴现值。假设资本存量不变，MPK 也不变，折旧率为常数 δ。那么，下一时期每单位资本的红利则等于 $MPK - \delta$，因此，Q 值等于：

$$Q = \frac{MPK - \delta}{(1 + r)} + \frac{MPK - \delta}{(1 + r)^2} + \frac{MPK - \delta}{(1 + r)^3} + \cdots$$

假设未来每一时期 MPK 相同，Q 值可以表示成：

$$Q = \frac{MPK - \delta}{r}$$

因此，如果公司未来的 $MPK > r + \delta$，那么 Q 值就大于 1；如果 $MPK < r + \delta$，那么，Q 值就小于 1。

由于 MPK 是随着资本存量增加而递减的，因此，当实际资本存量处于合意资本存量水平时，即：

$K = K^*$ 时，$MPK = (r + \delta)$

如果 $K > K^*$，就有 $MPK < (r + \delta)$；$K < K^*$，就有 $MPK > (r + \delta)$

因此，当 $K > K^*$，Q 的值小于 1，厂商的投资意愿降低，资本存量将减少；如果厂商未来某一时期的 $K < K^*$，Q 的值将大于 1，厂商的投资意愿增加，资本存量将增加。

托宾的 Q 理论最显著的特点之一是：成功地把资本市场引入到企业的固定资产投资决定中。企业通过发行证券特别是股票上市筹资时，股价是市场对企业价值的评估，是股票投资者对企业未来的预期，也是对企业所持有资本存量及经营者运用资本存量能力的综合评价。从这个意义上说，股票市场为厂商所面临的投资激励提供了一个灵敏而又容易获得的指标。当股票价格上涨时，股票市场表明厂商的资本存量有必要在未来时期逐步提高，以致使 K 上升至 K*。当股票价格降低时，股票市场表明厂商有必要使其资本存量 K 降低到 K* 的水平。Q 理论把在新古典主义的厂商投资理论中一直被忽视的资本市场的作用凸显出来，并与厂商投资联系起来，这是厂商投资理论发展中的一次飞跃性的重大突破。

Q 理论中的 Q 在考虑了股票市场的同时也考虑了利率，进而协调了凯恩斯主义和新古典主义在厂商投资理论上的冲突，成功地把凯恩斯主义嫁接在新古典主义的厂商投资理论上，弥补了 Jorgensen 的新古典主义的厂商投资理论在资本存量调整成本上的缺陷。同时为企业投资时的资产选择指出了一个新的标准，也为资本市场的收购兼并行为提供了解释，并有可能成为检测一个国家或地区资本市场乃至金融市场有效性的有力工具。

二、委托代理理论与企业投资

（一）公司委托代理理论

委托代理理论是 20 世纪 60 年代末 70 年代初一些经济学家深入研究企业内部信息不对称和激励问题时发展起来的，是制度经济学中契约理论的主要内容之一。委托代理关系是指一个或多个行为主体根据一种明示或隐含的契约，指定、雇用另一些行为主体为其服务，同时授予后者一定的决策权利，并根据后者提供的服务数量和质量对其支付相应的报酬。委托代理理论的中心任务是研究在利益冲突和信息不对称的环境下，委托人如何设计最优契约激励代理人。

委托代理关系的产生源于生产力的发展和规模化的大生产。由于生产力发展，分工进一步细化，权利的所有者由于知识、能力和精力等方面的局限不能行使所有权利。另外，专业化分工产生了一大批具有专业知识的代理人，他们有精力、有能力代理行使好被委托的权利。当某一经济主体（或者多个经济主体组成的一个集团）通过契约关系将达到某一目的行为委托给另一经济主体实施时，两个经济主体之间就形成委托代理关系（Agency Relationship），其中行为委托主体称为委托人（Principal），代替委托人实施行为的主体称为代理人（Agent）。

委托代理理论认为，委托代理关系的特点在于委托人和代理人在两者的行为目标上存在着不一致，亦即代理人在代理委托人的行为时有着与委托人不一样的目的（代理人与委托人有相同目的的情况称为团队）。在委托代理的关系当中，委托人与代理人的效用函数并不一样，委托人追求的是自己的财富最大化，而代理人追求的是自己的工资津贴收入、奢侈消费和闲暇时间最大化，由于行动的目标不一样，所以代理人行动的结果往往与委托人所希望的结果不一致，有时甚至发生冲突。

委托代理关系中委托人和代理人行为目标不一致以及利益冲突，来源于契约关系中的信息不对称和契约的不完备。由于委托人和代理人之间的信息不对称，代理人通常存在从事道德风险行为的倾向。委托人事前无法完全观察到代理人的行为，他只能通过代理人事后行动的结果来判断代理人是否实现了自己的目标或给自己带来了利益。但由于缺乏必要的信息，他的判断缺乏必要的依据。如，如果一个代理人没有达成委托人目的，委托人是无法分辨这种后果究竟是不可避免的风险造成的，还是由于代理人努力不够造成的。即使委托人事后能够观察到代理人的行为，但由于契约的不完备性，从第三者的角度（如从法院的角度）看，委托人观察到的行为也无法作为依据来判断代理人的对错。在这种情况下，委托代理关系契约本身就给代理人留下了进行相机抉择的余地，代理人就有追求自己目的的动机。

为确保代理人的行为不偏离委托人的目的或不损害委托人的利益，委托人就必须事先采取一定的措施来对代理人的行为进行控制，包括显性的激励方法与隐性的激励方法。在显性的激励方法方面，基于信息不对称理论研究提出的激励措施，是在委托人与代理人之间按一定的契约财产剩余索取权的分配，将剩余分配与经营绩效挂钩。这是目前绝大多数两权分离的公司实行激励经理努力的方法，不同的只是剩余索取权的分配比例。阿尔钦和德姆塞茨提出的团队理论则提出需要设立监督者，并以剩余索取权对监督者进行激励。在隐性的激励方法方面，在多次重复代理关系的情况下，竞争、声誉等隐性激励机制能够发挥激励代理人的作用。Fama（1980）就特别强调在竞争性经理市场上，经理的市场价值决定于其过去的经营业绩，从长期看，经理必须对自己的行为负完全责任。因此即使没有显性激励的合同，经理也会有积极性努力工作，因为这样做可以改进自己在经理市场上的声誉，从而提高未来的收入。在竞争、声誉激励机制理论中，证券市场中公司控制权接管的激励作用极为重要。经理激励的重要手段之一在于经理选择权的安排，把控制权与企业绩效相联系是激励有控制权欲望的经理提高经营业绩的重要条件。委托代理理论所要解决的正是如何使企业的各种代理成本最小化。

（二）代理成本与自由现金流

20 世纪 70 年代，美国学者 Jensen 和 Meckling 在其合著的论文《企业理论：管理行为、代理成本和所有权结构》里首先将代理成本引入到公司理财领域，该理论主要针对企业的经理人、其他股东和企业的债权人之间存在的矛盾冲突展开研究。他们认为，现代公司制度下所有权和控制权的分离，是产生代理问题的根本原因。他们给代理成本下的定义为：代理成本包括为设计、监督和约束利益冲突的代理人之间的一组契约所必须付出的成本，加上执行契约时成本超过利益所造成的剩余损失。这里的剩余损失主要是指缔结契约和执行契约所发生的各种费用。该理论认为，由于这三者之间的目标不一致，从而产生了企业的代理成本，所以企业的最优资本结构就是最小化代理成本时的资本结构。代理成本理论对现代企业财务理论的发展具有重要的参考价值。

Jensen 和 Meckling 定义了两种冲突：一种是股东和管理者之间的冲突；另一种是股东和债权人之间的冲突。股东和管理者之间的冲突是由于管理者不能百分之百地控制剩余权益，因而不能从盈利行为中获得全部利润，却要为这些行为负担所有的费用。如管理者可以在管理企业资源上不尽力，把企业资源转化为他们自己的利益，如通过享受"特殊待遇"而耗费公司资源。如果管理者为节制这些行为而负担了所有费用,但只得到一小部分好处,那么他就会通过大肆挥霍来求得补偿;而如果管理者在公司所占股份越大,这种低效率现象就会越少。

债权人与股东之间冲突的起因是债券契约中的规定刺激股东做出次优的投资选择。因为契约规定,如果投资者获得远高于债券面值的巨大收益,股东将获得其中大部分利润;而如果投资失败,鉴于有限责任,债权人将承担大部分损失,因此股东有可能从"走向破产"中获益[1]。这样的投资所带来的结果是债券价值降低,股票价值也会受到影响。当债券发行时,如果债权人能正确预计到股东将来的行动,则股东将替债权人承担这种代价,此时,股东从债券中获得的利润将会少些。这种由债券产生、投资在减值项目上的激励成本将由发行债券的股东承担,这种效应称作"资产替代效应"。

当企业的股权融资使企业经营管理者所持有的企业股权比例变得很小时,经营者有可能从其自身利益出发,在企业投资行为决策时,选择有利于自己而并非有益于股东的扩大投资项目等过度投资决策行为。Jensen进一步指出,当企业存在大量闲余现金收益流量(Free Cash Flow)时,企业经营者有可能将企业的闲余现金,投资于能够给其带来非金钱收益的企业投资规模扩大的项目上,从而导致企业过度投资行为的发生。Myers和Majluf基于信息经济学的理论认为,在企业外部投资者和内部经营管理者之间,存在着有关企业现有资产价值或企业投资项目的预期现金流收益方面的信息不对称时,企业为实施投资项目所发行的融资证券有可能在资本市场上被投资者高估或低估,从而导致企业投资决策中过度投资或投资不足行为的发生。因此,股

---

① Diamond, Douglas W., Reputation Acquisition in Debt Markets. Journal of Political Economy. 1989, 97.

权代理成本和债权代理成本是不同的。股权融资契约的代理成本主要是经营者的非货币性消费、过度投资行为形成的以及经营者因厌恶风险而发生投资不足产生的代理成本；而债务融资契约的代理成本主要是股东存在股利政策操作、稀释债权人权益、资产替代、投资不足与过度行为等道德风险而产生的负债代理成本。

由于委托代理问题的存在，一方面，外部投资者有理由怀疑公司管理者在扩大公司规模时是否完全从投资者利益出发，这造成的结果是：不管管理者是否为了公司价值最大化而进行投资决策，公司都要为外部融资付出不同程度的"溢酬"，从而提高了外部融资的成本，额外的成本可能会使公司放弃某些只有利用低成本的内部资金才有投资价值的项目。另一方面，由于内部融资处于管理者控制之下，是管理者最易支配的资源，并且内部融资越充裕，外部融资对管理者监督和约束的可能性就越少，这样管理者同样会偏好于内部融资，因此公司投资对现金流同样存在依赖性。

Jensen 和 Meckling 指出，在股权融资中，由于信息不对称，上市公司的大股东和管理层具有过度投资、损害公司债权人利益的倾向，造成公司价值小于管理权与经营权合一时的公司价值差额，产生所谓的股权代理成本。经理的股权越少，这种行为越严重，代理成本越大。当这种行为发生时，公司债权人为了保障自身的利益，便会要求获得更高的收益率，引起股票价格下跌，股权代理成本上升。因此，增加债务融资的比例会减少自由现金流量，增加经理剩余索取权比例，从而降低股权代理成本，如图 2-1 中的 AS_0（E），股权代理成本随负债率上升而下降。

在债务融资中，当投资项目取得好收益时，高于债券利息的收益都归股东所有；当投资项目亏损时，由于有限责任，债权人将承担后果。这使股东会从事风险较大的投资项目。然而，由于债权人能理性地预期到股东的这种资产替代行为，会要求更高的利率作为补偿，导致债务融资成本上升，这就是债权代理成本。当公司债务融资比率上升时，债权代理成本上升，如图 2-1 中的 AB（E）。

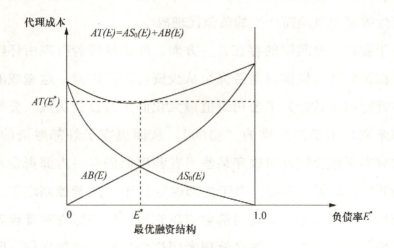

图 2-1　最优融资结构

注：$AS_0(E)$ 表示股权代理成本，$AB(E)$ 表示债权代理成本。

可见，代理成本的存在使得公司只能在股权融资与负债融资之间寻找平衡点。股权融资的代理成本与债务融资的代理成本相等时公司总资本成本达到最小，此时的资本结构是公司最优资本结构。同时，他们认为，要减少企业的代理成本，必须通过监督和约束等措施来控制所有者和管理者的行为。这些措施包括审计、正规的控制系统、预算限制以及建立激励补偿机制等。

在代理成本的框架下，Jensen（1986）开创性地提出了基于委托代理理论的自由现金流假说，该假说认为，公司管理者为提升自身的财富，会把公司的自由现金流投资于不能盈利的投资机会，而不是将其以红利或股票回购的方式返还给投资者。自由现金流假说的提出从另一个角度解释了企业投资与现金流的关系。信息不对称理论认为，企业投资依赖于内部现金流是由于受到外部的融资约束，由此产生的结果往往是有好的投资机会而企业却投资不足。而恰恰相反，自由现金流假说则认为，企业投资和现金流敏感性的原因正是过度投资，现金流充裕的企业往往更容易铺张浪费、随意投资、盲目收购。此外，从代理成本的角度出发，不同的股权结构由于具有不同的代理问题，对企业投资会产生不同的影响，这引起了国内研究者更大的兴趣，也可以说是公司治理、代理问题进一步延伸的必然。

三、资本结构理论与企业投资

MM 定理是现代资本结构理论的标志。Modigliani 和 Miller 于 1958 年先后发表的《资本成本、公司财务和投资理论》[1]、《资本成本、公司财务和投资理论：回复》[2]和《企业所得税和资本成本：一项修正》[3]三篇论文，被金融理论界认为是现代金融理论的开创性文章，他们在论文中所提出的 MM 定理是现代资本结构理论的核心内容。二人的开创性研究证明，在完美资本市场条件下，公司投资决策和融资决策是不相关的。如果他们所提到的假设条件得到满足，那么公司的内源融资和外部资金是可以相互替代的，因此企业的负债水平、内生现金流和股利政策等因素就不会影响到其资本支出决策。但是，在到处存在着信息不对称和代理问题等非完美因素的现实市场条件下，企业的资

[1][2] Franco Modigliani and M. H. Miller, "The Cost of Capital, Corporation Finance, and the Theory of Investment", American Economic Review Vol. 48, 1958.

[3] Franco Modigliani, and M. H. Miller, "Corporate Income Taxes and the Cost of Capital: A Correction", American Economic Review Vol. 53, 1963.

本支出和资本结构是相关的。

20世纪70年代以来，西方许多学者开始借鉴其他理论来研究资本结构，尤其是负债水平对企业行为的影响。Jensen 和 Meckling（1976）定义了两种冲突：一种是股东和经理人之间的冲突；另一种是股东和债权人之间的冲突。因此，分析资本结构对企业投资的影响也可以沿着这两条道路进行。

（一）资本结构与股东——经理人利益冲突

Jensen（1986）最早研究了负债融资对股东—经理人冲突的影响，指出负债能够抑制经理人为了谋取私利而导致的过度投资行为。负债的这种作用被称为负债的相机治理作用。负债之所以具有这种作用，主要是因为一方面负债本金与利息的偿还减少了公司持有的现金；另一方面也使公司的控制权受到更多的监督。Stulz（1990）的进一步研究指出，在公司股权分散的情况下，公司经理人为了从投资中获得私人利益会出现过度投资或投资不足问题，而负债融资能够减少经理人的过度投资或投资不足行为。后来的学者主要从价值最大化和经理人效用最大化两个角度来讨论负债对经理人非效率投资行为的相机治理作用。Oliver Hart 和 John Moore（1995）、Zwiebel（1996）等人从价值最大化角度，探讨了长期负债、债务优先权、债务比例等对新投资项目回报率的影响，从而指出了负债融资在抑制经理人非效率投资行为中的作用；而 Parrino、Poteshman 和 Weisbach（2005）、Ross（2004）等人则从经理人效用最大化角度，分析了负债融资的税盾、债务期限等对自利和风险规避经理人投资行为的影响。

Grossman 和 Hart（1982）在 J－M 模型的基础上，进一步分析了债务融资是如何缓解经营者与股东之间的冲突的，他们认为，经理的效用依赖于企业的生存，因此，对经理来说，存在着较高的私人收益流量同较高破产并丧失所有任职好处的风险之间的权衡。当企业债务融资比例上升时，经营者经营不善导致企业破产的可能性增大，一旦企业破产，经营者将承担因破产而带来的自身社会地位降低、名誉毁损、企业控制权丧失等非金钱方面的损失。因此，债务能使经营者增加个人努力，减少个人享受，并且做出更好的投资决策，从而降低股权代理成本，增加公司价值，Grossman 和 Hart 将此称为债务的担保机制，举债融资可以被用来作为一种缓和股东和经理冲突的激励机制。

（二） 资本结构与股东——债权人利益冲突

1972 年，Fama 和 Miller 最早把股东与债权人之间的冲突引入到了公司资本结构的研究中，他们指出，当公司存在风险负债的时候，能够使公司价值最大化的经营决策并不一定能够同时使股东和债权人的利益达到最大。在代理成本理论中，明确提出了股东与债权人利益的冲突对投资行为存在两大影响：过度投资（Over – investment）和投资不足（Under – investment）。Myers（1977）分析了负债对成长型企业的影响，提出了负债"悬挂"作用假说，这就像二人拥有企业的特性资本一样，股东控制下的管理人员拥有企业未来的投资机会，这好比是买方期权。这些投资机会通常在决定企业市场价值方面是重要的。如果企业未来的投资收益大部分流向已有的债权人手里，以至于股东不能获得足够的利益，股东可能不会投资。企业拥有的投资机会越大，股东和债权人冲突的可能性越大，结果是造成"投资不足"。Myers 指出，企业可以通过以下几个办法减少股东和债权人的这个冲突问题：企业可以拥有较少的负债；或者在债务契约里加进限制性条款；或者拥有更多的短期负债。

Myers（1977）认为公司未来的投资机会类似选择权，这些选择权的价值取决于公司对其进行最优选择的可能性。在某些情况下，债权人获得足够多的利益，以致一个盈利性项目不能给股东提供正常回报，进而产生投资不足问题。因此，拥有较多成长期权的企业应使用期限较短的债务，成长期权的增强提高了企业短期债的使用，更多的成长期权导致更低的杠杆。Stulz（1990）、Hart 和 Moore（1989）认为缩短债务有效期限可以减少源于资产替代效应和投资不足的代理成本，短期债务通过要求定期支付本金触发有效监督，具有更多成长机会的公司将发行更多的短期债务和维持更短的债务期限结构。

Jensen（1986）指出，一方面，短期负债有利于经常性地削减企业的现金收益，从而经常性地减少自由现金流；另一方面，短期负债还增加了发生企业财务危机的可能性，这将激励管理者做出更有效的投资决策，也就是更有效地使用企业资金。因此，为了抑制管理者的过度投资动机，企业可以采取增加短期负债的办法。

Jensen 和 Meckling（1976）系统论证了资产替代的代理成本问题，由于股东的有限责任制，股东在投资决策时，会出现放弃低风险低收益的投资项目，而将负债资金转向高风险高收益的投资项目的行为。显然，资产替代行为是企业债务融资的一种代理成本。Myers（1977）认为期限匹配确保了负债的按期偿还，从而债权人不必要求公司签订成本高昂的限制性条款或短期债务来减少彼此冲突，期限匹配事先降低了代理成本进而缓和了投资不足问题。Chang（1989）证明期限匹配可以使债务融资的代理成本最小化。Mitchell（1991）认为期限匹配可以减少利率不确定性风险给股东财富造成的损失。作为控制代理成本的一种手段，不同期限债务的选择成为追求最大化企业价值的必然。

（三）资本结构与企业投资

一方面，资本结构尤其是负债水平，可以对企业投资起到约束作用。如果新的资本支出项目需要负债融资，新的债权人和原先的债权人相比将处于后偿的位置。新债权人会权衡资金的可收回性，如果没有其他优惠条件，过高的负债水平将无法吸引新的债权人，造成借款企业无法筹措资金。结果是：即使企业拥有 NPV 大于零的投资机会，也无法实现投资。负债的增加同时也增加了债权人和股东及管理者之间的代理冲突。因此，在企业负债水平较高时，新的债权人可能不进行出资，结果造成负债水平越高的企业投资额越低。另一方面，企业负债的增加，相应地增加了管理者还本付息的压力，在负债水平较高时，管理者为了避免破产，即使有 NPV 大于零的新投资机会也不去实行，从而约束了过度投资。较高的负债水平无论是"抑制投资"还是"约束投资"，所造成的最终结果都是投资数和负债水平负相关。

大多数学者的实证研究发现负债融资与企业投资规模之间总体上存在负相关关系：Mills、Morling 和 Tease（1994）的研究发现总体上负债对企业的投资起负的作用，但是这种作用仅存在于大公司里，小公司则不存在这种作用；Lang、Ofek 和 Stulz（1996）的研究发现负债融资与企业的投资呈显著的负相关，进一步的研究发现，这种负相关的关系仅存在于低成长机会的企业里，而高成长机会的企业却不存在这种负的关系；Demirguc–Kunt 和 Maksimovic（1996）以 30 个国家的企业为样本进行实证研究，结果发现固定资产投资与外部融资负相关，短期资产投资与外部融资正相关；Kovenock 和 Phillips（1997）的研究发现集中度高的行业，负债与投资是负相关的；Rajan 和 Zingales（1998）的研究表明初始的资本结构对企业业主在解除行业管制以后的几年里的投资能力产生了负的影响；Seoungpil Ahn 等人（2004）研究了美国多元化企业的资本结构对投资的作用，结果发现，在多元化企业里，较高负债的企业有较低的投资，与低成长机会的部门相比，高成长机会部门的负债融资对投资的影响更加显著。

国内研究中，童盼和陆正飞（2005）以中国资本市场上非金融类上市公司为研究对象，发现负债融资与投资规模之间存在显著负相关关系。范从来和王海龙（2006）认为，债务融资在改善公司治理结构以及阻止公司过度投资方面确实有积极作用，他们从对民营控股上市公司的实证分析中充分证明了这一点。

不过，也有一些学者的研究结论却与之相反，即负债融资与投资规模之间存在正相关关系。Suto（2003）的研究指出，在马来西亚的上市公司里上升的资产负债率与固定资产投资正相关，这表明负债水平的提高促进了企业的过度投资。赵红梅和蒲蓉（2008）认为，负债（资本结构）并没有充分发挥理论上的抑制公司投资行为，使其投资于净现值为正的项目的作用；负债资本对我国上市公司软约束的主要原因是占绝大多数比例的国有上市公司的负债资本并未对其投资行为产生有效的约束，而导致国有上市公司负债资本软约束的主要原因是国有上市公司的负债主要来源于银行借款（四大国有商业银行），但由于我国不正常的政企和银企关系、有限的银行监管机制以及未真正建立起来的破产清算机制，造成了银行贷款对国有上市公司投资行为的软约束。王艳辉和杨帆（2007）从东北上市公司的债务结构入手，运用统计描述和相关的假设检验，得出结论：债务期限结构对东北上市公司过度投资约束效果有显著影响，长期负债对过度投资有强烈的约束效果，短期负债的约束效果则不明显（这与国外的研究结果相左），债务来源结构对此无显著影响。

进一步看，即使能够验证两者的负相关关系，还有必要进一步区分这两种不同的影响机制。在这方面的先行研究一般是按照增长机会，即托宾 Q 值将企业进行分类。如果在托宾 Q 相对较高的企业中发现资本支出和负债之间的负相关关系，一般可以认为是由于高负债对资本支出的抑制。因为托宾 Q 较高的企业，即成长性较高的企业，往往呈现出严重的信息不对称，当负债水平较高时，往往会限制资金提供者进一步出资。而如果在托宾 Q 相对较低的企业中发现资本支出和负债之间的负相关关系，则可以认为是由于高负债对过度投资的约束，因为这些企业不拥有高收益的投资机会，因此容易陷入过度投资，两者的负相关关系就可以解释为负债对过度投资的约束。Mills、Morting 和 Tease（1995）、Lang、Ofek 和 Stulz（1996）的研究都是按照这样的思路进行的[1]，对这方面的研究还有待进一步地展开。

四、融资约束理论与企业投资

融资约束有两种含义：一种是广义上的，即指当公司内外融资成本存在差异时，公司投资所受到的约束。在这里，公司内部资金成本是一种机会成本，一般是指市场利率。在对称信息条件下，公司内部资金成本等于外部资金成本；但在非对称信息条件下，外部融资成本将不再是市场利率，而是随着外部融资数量的增长而不断提高，这种增长速度反映公司外部融资的信息成本，取决于公司净财富水平（即内部现金流量）。按此定义，由于信息不对称的存在，筹集外部资金所产生的交易成本可能使内外资金成本有差异，因而所有公司都可能被认定为受到融资约束。融资约束还可以从狭义角度对其进行定义，它

---

① Lang、Ofek 和 Stulz（1995）在运用托宾 Q 区分企业的成长性后，结果发现投资机会少的企业其负债水平和资本支出显著负相关，他们认为这种影响是由于负债约束了过度投资所致。

是指公司投资需要外部融资，但由于资金成本较高或信贷配给难以满足其资金要求时所受到的约束。第二种含义包含于第一种含义之中，指由于内外融资成本差异太大，以至于公司难以承受这种成本差异而不能融通资金的情况。

关于企业投资的融资约束假说的论述最早可追溯到 Meyer 和 Kuh（1957）编写的《投资决策》一书，他们认为，由于资本市场的不完备性，企业的资本性支出会受制于企业内部资金，企业投资将取决于企业利润水平或者说预期利润水平。随着不确定性和信息经济学研究的兴起，一些经济学家将预期效用函数等分析工具引入到企业投资行为的分析中，使他们的论述更具说服力，Myers（1984）提出的融资优序理论更是为其提供了坚实的理论基础。Myers 认为，由于内源融资可以规避由外源融资方式所导致的信息不对称下的逆向选择风险，从而避免承担外源融资的信息成本，因此企业偏好内源融资方式。在融资优序模型中，内源融资对企业投资规模产生约束力，前者是后者的重要决定因素，且二者呈正相关关系。

一般来说，融资约束主要有两个来源：非对称信息和交易成本。非对称信息是研究融资约束对公司投资行为影响的理论基础，它主要表明公司外部投资者所要求的风险溢价，如果公司经理层与外部投资者之间的非对称信息严重，该溢价就高；反之，则低。因此公司非对称信息的严重程度度量了该公司受到的融资约束程度。即使非对称信息问题微不足道，由于新股票或债券发行的登记费用、认购费用以及其他管理费用都可能导致内外融资成本存在差异，这即常说的交易成本，它由搜寻成本、签订合约、保证合约的执行成本组成。从某种程度上说，交易成本的产生是由于信息非对称和不完全引起的，因此融资约束产生的根源在于资本市场的不完善性，即金融市场的非完全有效性。① 公司融资约束的形成过程及度量变量图如图 2 – 2 所示：

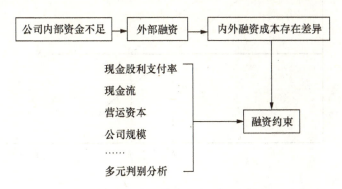

图 2 – 2　融资约束形成过程及度量变量

按照新古典投资理论，在完全的、信息对称的、竞争的资本市场上，公司在投资时面临唯一的资本成本 r，不因资本来源渠道有异。公司面临的投资机会引起资本需求线的移动。在完全资本市场中，由于资本供给线恒定，因此投资机会就成了均衡资本量的唯一决定因素（见图 2 – 3）。

由于非对称信息所产生的市场不完全将导致公司外部融资成本高于内部融资成本。这种情况以及资本成本随着资本量增加而增加的情况，反映在图形上就是公司面临的资本供给曲线 S 会向上折：在资本需求量低于内部资金积累的时候，公司面临的资本成本等于 r，资本供给线保持水平；而资本需求量超过内部资金积累以后，资本供给线向右上方倾斜，如图 2 – 4 所示。

---

① Fama（1970）对市场的（信息）有效性作了明确的诠释：如果市场价格能"完全反映"所有可获得的信息，那么市场是有效的。根据信息集设定的不同，市场的有效性可分为三种类型：弱型市场有效（Weak Form EMH）：信息集只包括市场自己过去的价格和收益。半强型市场有效（Semi – strong Form EMH）：信息集包括市场参与者都知道的信息（公共信息）。强型市场有效（Strong Form EMH）：信息集包括所有市场参与者的信息（包括私人信息）。

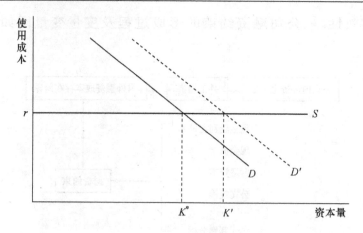

图 2-3 完全市场资本供给情况

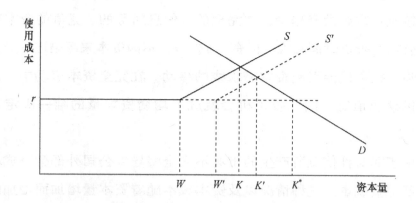

图 2-4 不完全市场资本供给情况

在图 2-4 中，W 代表公司的内部资本，K 代表公司的均衡资本量。S 线上折的程度代表公司外部融资受到限制的程度，给定内部资本 W 的移动幅度，给定 D 线不动，则当 S 上折的斜率越大时，K 的移动幅度越大。极端情况下 S 线上折到竖直状态时，公司就只能靠内部积累来投资。从图 2-4 可以看到：由于外部融资成本的增加，公司的均衡资本量从原来的 K* 缩减到 K，这表示由于外部融资成本的增加有可能造成一定程度的投资不足。当公司的内部资本从 W 增加到 W' 时，即使投资机会没有发生变化（即 D 线没有移动），公司的均衡资本量也从 K 变动到了 K'，这表明，在不完全市场上，内部融资能力会影响到公司的均衡资本量，从而影响到公司的投资行为。

与融资约束密切相关的还有一个融资顺序问题，它是 Myers 和 Mujluf 于 1984 年共同提出的，他们在信号传递模型基础上，吸收了权衡理念、代理理论的研究成果，研究了企业为新的项目融资时的财务决策，提出了融资的强弱顺序理论，指出企业资本结构的设计是为了减少决策中信息不对称带来的无效率。

Myers 和 Mujluf（1984）认为，在企业控股权和管理权相分离的情况下，经理与外部投资者之间存在信息非对称。经理（内部人）比投资者（外部人）更了解企业收益和投资的真实情况。外部人只能根据内部人所传递的信号来重新评估他们的投资决策。企业的资本结构、股利政策都是内部人传递信号的手段。假设企业现有一个新的高盈利性投资项目，内部人很清楚，该项目一旦实施，一定会使企业价值上升，但作为外部人的投资者对这个项目的盈利能力缺乏足够的认识。同时，投资者也知道，代表老股东利益的经营者一般不愿发行新股而将新项目的投资收益转让给新股东，企业发行新股筹集资金，往往是在资金周转失灵时才会实施。因此，投资者总是把企业发行新股当作一种坏消息，他们会把发行股票看作是企业质量恶化的信号而低估企业价值。新投资者需要得到一种风险贴水以补偿可能买到低质量企业股票带来的损失。而投资者增加风险贴水的做法，会提高高质量企业股票融资的成本。

对企业来说，有了好的高盈利投资项目，最好的融资选择决策是用保留在企业的盈余利润进行内部融资，这样才不会因为使用外部融资而造成企业价值下降，保证原有股东的利益不流失。在企业保留盈余不足以满足项目投资资金需要时，企业外部融资的最优选择也不是股票融资而是债务融资，因为，利用债务融资，项目成功后实现的盈利，在支付固定的利息之外，其余部分仍归原有的股东，而不会像股票融资那样，要与新股东一起分享盈利。所以，企业的一般融资采取的顺序是：先尽可能地利用内部积累资金来投资，然后才是债务融资，一直到因债务融资导致企业发生财务危机时，最后才会考虑股票融资。

融资顺序理论提出后，许多学者进行实证研究以检验其融资次序的存在，其中 Fazzari 等人（1988）以及一系列的后续实证研究非常著名。Fazzari、Hubbard 和 Petersen（1988）对融资约束与企业投资——现金流敏感性之间的关系作了开创性的研究，他们认为，由于外部融资成本较高，低股利支付隐含着公司对现金流具有较高的依赖性，因此，公司面临的非对称信息程度与其股利政策有关。具体而言，低股利支付的公司投资支出可能受到较严重的融资约束。他们以 1970 ～ 1984 年的股利支付率作为分类变量，将 421 家美国制造业公司分为三组：股利支付率至少 10 年都少于 0.1 的公司划分为 I 组；股利支付率在 0.1 至 0.2 的公司划分为 II 组；余下的公司划分为 III 组。他们的实证结果表明，现金流的系数为正值，而且随着股利支付率的降低而增加，这意味着低股利支付率公司的投资与现金流敏感性比高股利支付率公司的更高，即受融资约束较严重的公司的投资与现金流敏感性相对较高。因此，如果资本市场存在非对称信息，那么与融资约束相对应的现金流增加会影响公司的投资支出。他们的结论强有力地支持了面临高水平融资约束的公司中广泛存在的融资次序，证明融资约束水平越高的公司的投资比越低的公司对流动性的敏感性高。

通过其他的先验衡量方法将样本公司按照融资约束程度分类，后续的研究进一步证实了 Fazzari 等人的核心结论。Hoshi 等人（1991）以日本上市公司为样本，按是否属于 Keiretsu（大型公司集团）分组，由于属于大工业集团的公司较容易获得外部融资，因此融资约束较小，他们的研究发现这类公司的确表现出较低的投资与现金流敏感度，这符合融资约束假说的解释。Whited（1992）、Bond 和 Meghir（1994）使用了 Euler 等式从而并不要求衡量托宾 Q。这个策略通过利用外部融资的一个外在条件，测试融资约束是否和一组特定的公司相关。Whited 使用 325 家美国制造型公司从 1972 年到 1986 年期间作为样本，Bond 和 Meghir 使用 626 家英国制造型公司 1974 年到 1986 年的非均衡面板数据作为样本。两个研究都发现外在财务融资约束和融资约束公司组之间有特别的联系，支持了 Fazzari 等人（1988）的基本结论。Schiantarelli 和 Sembenelli（2000）以意大利制造业公司为研究对象，也得到相似的结果，即单一公司比大商业集团成员公司受到的融资约束更严重。所有这些结论都支持 Fazzari 等人（1988）的信息不对称解释。

不过，Kaplan 和 Zingales 在 1997 年的研究对 Fazzari 等人（1988）的结论的一般性提出了挑战，他们依据公司年度报告中的定性和定量信息对公司的融资约束程度进行分类，和以往结论相反，他们发现融资约束程度最低的公司的投资决策对可用现金的敏感度最高。然而，Hubbard（1998）指出，Kaplan 和 Zingales 的结论似乎不被他们的实证所支持：①在如此小的样本中精确地度量融资约束的程度是很困难的；②Kaplan 和 Zingales 的分类标准也是值得商榷的。与 Hubbard 一样，Cleary（1999）也认为 Kaplan 和 Zingales 的分类标准是主观的，而且依赖的管理报表可能是损人利己的。为了纠正这一缺陷，他依照 Kaplan 和 Zingales 的基本方法，但将数据扩展到 1317 家美国公司，并采用客观的方法——多元判别分析法确定的融资约束指数作为分类标准，最后，他得到结论，高信贷等级的公司比低信贷等级的公司的投资行为与可用的现金流敏感性更高，这强有力地支持了 Kaplan 和 Zingales

的小样本结论。

由于不同的研究方法和样本以及现实环境的复杂性，不同的学者对于投资行为并没有得出统一的结论。公司的投资对于现金流的敏感度是正还是负，或者是其他情况，Fazzari 等人（1988）和 Kaplan 和 Zingles（1997）利用不同的方法对公司的融资约束程度进行分类，得出了截然不同的结果。随后的研究者也根据自己的理解采用了不同的方法，使得结论更加扑朔迷离。可以说，进一步研究融资约束的表征指标，检验投资对于现金流的敏感度仍是融资约束理论进一步完善必须解决的问题。

五、小结

本章着重讨论了与投资相关的公司金融理论。

新古典综合派以前的投资理论主要包括加速器投资理论、新古典投资理论和托宾 Q 理论。加速器模型和新古典理论从企业内部决策出发，根据企业利润最大化假设，借助企业长期成本曲线等工具推导出企业的最优投资决策。托宾 Q 模型从企业的外部环境出发，利用资本市场的评价来导出企业的最优投资决策。

从 20 世纪 70 年代开始，委托代理理论、公司治理结构理论、资本结构理论和融资约束理论逐步运用于现代企业投资领域的研究，促成了企业投资理论的新发展。

委托代理理论认为委托人和代理人行为目标不一致以及利益冲突，来源于契约关系中的信息不对称和契约的不完备。为确保代理人的行为不偏离委托人的目的或不损害委托人的利益，委托人就必须事先采取一定的措施来对代理人的行为进行控制，包括显性的激励方法与隐性的激励方法。将代理成本引入到公司理财领域，企业存在着两种冲突：一种是股东和管理者之间的冲突；另一种是股东和债权人之间的冲突，代理成本的存在使得公司只能在股权融资与负债融资之间寻找平衡点。自由现金流假说的提出从另一个角度解释了企业投资与现金流的关系。

从资本结构理论的角度出发，负债能够抑制经理人为了谋取私有利益而导致的过度投资行为，负债的这种作用被称为负债的相机治理作用。债务能使经营者增加个人努力，减少个人享受，并且做出更好的投资决策，从而降低股权代理成本，增加公司价值。股东与债权人利益的冲突对投资行为存在两大影响：过度投资和投资不足。作为控制代理成本的一种手段，不同期限债务的选择成为最大化企业价值的必然。

一般来说，融资约束主要有两个来源：非对称信息和交易成本。融资约束产生的根源在于资本市场的不完善性，即金融市场的非完全有效性。在融资约束下，企业资本结构的设计是为了减少决策中信息不对称带来的无效率。企业的一般融资采取的顺序是：先尽可能地利用内部积累资金来投资，然后才是债务融资，一直到因债务融资导致企业发生财务危机时，最后才会考虑股票融资。融资约束程度影响了公司的投资决策对可用现金的敏感程度。

第三章　我国上市公司投资的一般分析

一、我国上市公司投资存在的主要问题

对于中国上市公司的投资行为，一种常用的提法是非理性投资或者无效率投资。本书认为，理性是一种相对的行为，取决于不同的观察视角：从投资者的角度看，这些行为可能会带来投资者的利益损失，因此被视为非理性的；但从公司的实际控制者或者管理者的角度看，这些行为对他们来说是有利的，因而是理性的。因此，说上市公司的投资非理性，更多的是从中小投资者或者是整个产业发展以及国民经济运行的角度来说的。在转轨经济独特的市场背景下，很多企业都表现出急功近利扩大企业规模的倾向，只注重眼前利益，盲目地投资于那些未经可行性分析、没有良好远期收益、难以可持续发展的项目上，导致投资失败的现象屡见不鲜。上市公司作为中国企业当中的佼佼者，虽然具有相对较好的公司治理以及上市带来的融资便利，但治理尚未达到有效的境界，其投资行为同样与一般的企业有不同之处。具体来说，中国上市公司的投资问题主要体现在以下五个方面：

（一）贪大的投资过度

在经典的投资理论看来，公司投资行为主要基于完全理性和充分信息，决策者清楚每一个投资机会和投资项目的预期收益和风险概率分布，会依据投资项目的最大期望预期收益原则进行决策，但 Jensen 和 Meckling（1976）的自由现金流假说指出：经营者努力经营的成果由股东和经营者双方分享，而成本却由经营者单独承担；由于经营者的目标是自身利益最大化，股东与经营者之间存在委托代理矛盾，这就导致即使投资项目净现值为负，经营者也会做出投资决策，以满足其获取由企业规模扩大所带来的各种货币、非货币收益的欲望。当经营者将公司过去投资所产生的现金流量投资在负的净现值项目上，而不是将其分配给股东，就产生了过度投资行为。因此，过度投资主要是指在投资项目的净现值小于零的情况下，投资项目的决策者仍实施投资的一种现象。过度投资带来的所投资项目低收益或失败给企业造成沉重的财务负担，对企业生存产生现实而严峻的影响，这在完善的市场经济国家也不胜枚举。我国上市企业大多由原国有企业改制而成，在投资资金来源由银行资金转变为股权融资资金后，依然沿袭原国有企业的投资行为模式，"投资饥渴症"所带来的投资过度表现得十分明显。

投资过度首先表现在超越公司现有的物质基础和发展需求，大规模的融资以进行投资：一种是不顾公司自身的承受能力，片面、单一地依靠银行融资，尤其以短期融资作为资金来源进行项目投资，一旦投资失误或在建投资项目失去资金来源，不仅使得企业的资产负债率大幅度提高，而且还严重影响和限制了企业自身的生产经营能力；另一种是不考虑市场时机和投资者承受能力，以配股、增发等形式大幅度从资本市场融资来进行各项投资，如 2008 年中国平安公司的再融资。

投资过度的直接表现就是盲目追求规模扩张，贪大求全，鼓吹规模业绩，不切实际地打造"航空母舰"，而不是以项目的投资收益率为最高目标，从而导致大量预期净收益低的项目被投资；或是盲目上大项目、铺大摊子，项目未能在规定的时间内按标准完成，结果造成投资项目半截子、烂摊子，从而影响上市公司的投资收益，严重的情况下公司还可能因此而背上沉重的资金包袱。投资过度在一些行业表现得尤为明显，我国彩电、VCD 等行业的多次恶性价格大战，就是行业过度投资行为的结果。

（二）短视的投资不足

公司金融理论对于投资不足（Under Investment）的经典定义主要是指，在投资项目净现值大于或等于零的情况下，投资项目的决策者被动或主动放弃投资的一种现象。按照 Myers 的信息经济学解释，企业外部投资者和内部经营管理者之间存在着有关企业现有资产价值或企业投资项目的预期现金流收益方面的信息不对称，融资成本提高进而导致企业投资不足行为的发生。而 Jensen 和 Meckling（1976）则认为，相对于股东的风险态度而言，经营者的风险态度更加偏向于风险厌恶，从而有可能使其在投资决策时选择低风险的投资项目而放弃对股东可能有利的投资项目，导致投资不足问题的发生。在我国"投资饥渴症"普遍存在的情况下，上市公司的投资不足现象同样大量存在，不过这种投资不足并不完全与西方国家放弃投资项目净现值大于或等于零的情况一样，其主要表现为重视短期的直接投资而忽视长期投资，以及不重视研发投资两个方面。

我国上市公司在一定程度上存在以追求任期业绩目标为出发点的投资短视行为。我国国有企业的主要经营管理者由政府任命，审计部门对其任期经济责任审计评价的结果，是组织、人事部门任用干部的重要参考。但目前对企业经营管理者任期业绩的考核，往往带有短期性[1]，这就导致了企业经营管理者为提高自己的职业声望，过分追求短期结果，当面临长期、短期两种投资项目决策时，自然会更倾向于能够较快看到回报的项目，以在短期内使公司业绩得到增长，而放弃了符合企业价值最大化的长期项目[2]。

投资不足的另一个重要表现是不重视研发投资。企业的 R&D 投入能产生知识和经验，其积累构成企业的技术知识存量，使企业的创新能力增强，从而减少产品的生产成本，缩短产品的生命周期，提高产品更新换代的速度，增加企业的产出。近年来，各国都非常重视 R&D 投入，与同期世界其他国家相比，我国 R&D 投入水平是偏低的，在人均量上更是远远低于世界平均水平。就上市公司而言，梁莱歆和张焕凤（2006）发现，虽然近几年我国企业开始不同程度地加大对研发经费的投入，但研发强度仍属低水平：在 2001～2003 年三年中，年均研发强度不足 1% 的企业所占比重约为 50%。从 2001 年看，研发强度在 3% 以下的企业占到了 87.65%，平均研发强度仅为 1.38%。由此反映出我国上市公司的 R&D 投入不仅普遍偏低，且低投入状况非常严重。虽然近几年来上市公司 R&D 投入状况开始有了明显的变化，低水平投入公司所占比重有所下降，投入强度在 1%～3% 的公司明显上升，但从总体上看，我国上市公司仍然未摆脱 R&D 低投入的状况。[3] 即使是

---

[1] 吴晓求（2004）主笔的《中国资本市场：股权分裂与流动性变革》指出我国部分上市公司的目标定位为"大股东价值最大化"，并具有"从属性"、"激进性"、"短期性"、"倒置性"的特征，其成长模式往往属于外延型；同时，由于受"投机主义"指导思想的影响，产业选择呈现出"多元化"、"同构化"、"概念化"的特点；在竞争策略上，常常有拼资源、追求绝对竞争优势的倾向。这种非理性、激进、短视、投机的战略行为，是上市公司"不创造价值"以及"毁灭价值"的重要原因。

[2] 邢敏、李博：《上市公司非效率投资行为分析及优化对策》，《经济问题》2007 年第 5 期。

[3] 梁莱歆、张焕凤：《中国上市公司 R&D 支出及其经济效果的实证研究》，《科学学与科学技术管理》2006 年第 7 期。

对研发投资最为倚重的高科技上市公司，其整体的 R&D 情况同样不容乐观，梁莱歆和张焕凤（2005）的统计表明，大多数高科技上市公司的 R&D 投入强度还很低，高于 3% 的公司仅占 18.1%，虽然整体水平高于全国一般企业的 R&D 投入，但却远远低于发达国家高技术产业的平均 R&D 投入强度（2000 年美国为 22.5%，日本为 21.7%，英国为 21.2%）。[1]

（三）盲目的投资多元化

多元化投资是指投资者（企业）在不同的领域、不同的产业（行业）开展投资业务，或在同一产业中投资生产不同的产品，用以扩大业务范围，开展多元化经营。通过多元化投资实现多元化经营，可以将原有的多个单一化经营企业的经营活动组合在一个企业内进行，合理进行资源配置，提高资源的利用效率；同时，还能充分利用企业的技术优势、市场优势等资源优势，得到更多的投资和获利的机会。多元化投资通过将资源分散到不同产品或行业经营中，能够在一定程度上避免因经营范围单一造成企业过于依赖某一市场，减弱受环境因素制约较大的经营波动对企业的影响，提高企业的抗风险能力。不过，多元化投资的实施必须具备特定条件，不仅要求企业熟悉所要涉足的经营领域，具有足够的资金和人才储备、过硬的技术和管理优势，还要求企业自身具有相当高的品牌价值，以支持企业在其所涉足其他领域的生存和发展，否则，多元化只能带来更大更快的失败。

随着我国经济的不断发展，市场经济制度的不断完善，企业间的

---

① 梁莱歆、张焕凤：《高科技上市公司 R&D 投入绩效的实证研究》，《中南大学学报》（社会科学版）2005 年第 2 期。

竞争也变得越来越激烈。面对日益成熟的企业，原有的单一产品和市场显然已经无法满足企业发展的需要，许多公司原主营业务所在行业已经过度竞争或难以为继，或同宏观经济趋势相背离，企业需要新的产品来刺激成长，需要进入不同的产业以规避市场风险，提高投资报酬率，增进效益。更换或新增主营业务势在必行。因此我国证券市场建立以来，资产重组活动层出不穷，上市公司频频涉及多元化经营。南开大学公司治理研究中心的一项研究表明，到 2005 年，在沪市上市的制造业公司有 85.48% 实施了多元化经营，平均跨越 3 个行业，最多的跨越 9 个行业。这表明多元化战略对中国企业仍有很大吸引力，甚至成为企业成长过程中无法回避的方式。

但是盲目进行多元化造成企业业绩滑坡，甚至陷入破产困境的情况也并不少见。中国企业联合会 2006 年公布的一份关于中国企业失败原因的研究报告显示：中国的失败企业绝大多数败于多元化。而对多元化与企业价值的实证研究也倾向于支持多元化的折价问题。

很多上市公司的多元化投资基本上都是盲目的：①在投资前没有彻底地了解、分析市场，投资时盲目追求投机收益，不考虑多元化投资决策的风险。如许多公司乐于追求生态农业、生物医学、网络宽带、电子商务等"新概念"，不考虑投资收益的可持续性，这或许会给企业带来一时亮眼的业绩，但最后终将使企业背负沉重的包袱，进而拖垮企业。②忽视产业之间的差异，不考虑自己是否具备这类项目所需的人才和资源等必备因素，做出盲目、错误的多元化投资决策。在未做好充分资源储备和战略规划的情况下，盲目实施多元化投资，使得企业资源大量分散，影响了主导产业的技术创新，削弱了原有优势产业的竞争力，降低了优势产业在市场竞争中的地位，而新产业又未能给公司带来足够的收益。③投资的盲目跟风，即"羊群"行为。这在一些行业表现得尤为明显。当某个新兴的产业具有较为丰厚的利润时，或某个领域具备一定的投机收益时，许多企业抵制不住高利润的诱惑蜂拥而至，投资行为表现出极大的非理性化。大量资本涌向房地产业就是一个很好的例子。由于在新投资的领域内达不到规模经济，产生了资源不足与资源浪费并存的状况，不利于企业的长远发展。④破罐子破摔的多元化投资。人们通常认为"企业经营状况好的时候没有必要搞进一步的多元化"，只有经营状况不佳的企业才会想着搞多元化。反正经营状况已经不好，风险再大也无所谓了（李宗民、张立强，2006）。

（四）随意的投资变更

投资变更指的是企业在首发、配股和增发新股募集到资金后，出现原来的募集资金项目投资计划改变的情况。投资变更主要有三种情况：①项目的投资计划基本没改，但项目资金额度发生变化；②出于事前无法预期的外部经营环境变化等客观因素的影响，改变项目投资计划；③出于原项目立项时对项目前景或可行性分析不深入而改变项目投资计划，甚至有为募集资金而拼凑项目的状况。上市公司频繁地变更投资项目，一方面说明了项目论证不充分，另一方面也导致了投资效率的降低。刘少波和戴文慧（2004）的实证研究表明，高比例变更投资项目的公司盈利能力呈逐年恶化趋势。

我国上市公司投资变更的情况一度十分普遍，1999 年沪深两市共有 125 家上市公司改变募集资金投向，2000 年上升到 220 家。2001 年有 233 家上市公司宣布改变募集资金投向，变更募集资金投向 264 亿元，其中变更募集资金金额超过 1 亿元的有 47 家，变更资金金额最高的达 7.36 亿元；有 2 家公司的原计划投资项目被全部变更，上市公司平均每家变更募资量为 1.09 亿元，约占筹资额的 20% 以上。全国人大常委会证券法执法检查组上海检查组发现，上市公司在两年内改变募集资金投向的达 40%，1 年内改变的在 10% 以上。根据 Wind 资讯统计，2007 年，上市公司公告变更募集资金项目投资计划的上市公司有 81 家，而 2005、2006 年分别为 93、135 家。从上市公司公告变更项目数量看，2007 年共有 192 个项目，而 2005、2006 年分别为 275、437 个项目。2007 年公告的变更募集资金项目投资计划的 81 家公司中，变更增发募集资金项目的有 12 家，59 家变更的是首发募集资金项目投资计划，其余 10 家变更的是配股募集资金项目投资计划。2007 年公告改变募集资金项目投资计划的计划额度总计 123 亿元，其中属于 2007 年募集的资金仅有 20.14 亿元，相对当年募集资金总数 8628.97 亿元，所占比例仅有 0.233%。不过，公告的大多数公司并不是完全改变项目的投资方向，而仅仅是由于各种特殊原因，改变了投资金额、方式或地点[①]。

上市公司还有一种更广义的投资变更现象，那就是背离主营业务的金融投资大行其道。上市公司作为一种生产性实体企业，应该注重的是实物投资（当然，从企业财务运营的需要和风险控制的角度出发，一定程度的金融投资是需要的）。但一些上市公司一旦从股东身上"圈"到钱，便"彻头彻尾"地自作主张起来，不经股东大会的批准，擅自改变募集资金投向，或投资于高风险的房地产项目，或违规炒卖炒买本公司股票，或进行大规模投机性的委托理财投资。这种投机心理带来的从实物投资向金融投资的转向使得上市公司面临的风险因素发生了转变，而所产生的金融风险是擅长实物投资的企业所难以有效控制的，也极大地背离了企业融资的初衷。

---

① 《变更投资计划的上市公司一览》，http://news2.eastmoney.com/080214, 1066, 778767.html。

（五） 隐蔽的关联投资

关联投资是关联企业之间的投资行为。关联企业是一个双向的、与单一企业或独立企业相对应的概念，是指与其他企业之间存在直接或间接控制关系或重大影响关系的企业，是根据这种关系可能转移资产和利润并从中获取利益的企业。关联投资主要是指被控股公司对控股公司的交易和投资行为。

我国绝大部分上市公司都是由国有企业改制而来，其结果就是很多上市公司有一个投资关系明确的母公司，并且兄弟姐妹公司众多，因而先天就带有关联性。加之上市公司之间的相互持股及控股非常普遍，使得关联投资更加盛行。

关联投资的一种表现是与大股东做关联交易，即用现金收购大股东的有形或无形资产。如紫光生物（000590）以现金收购大股东紫光集团的药业营销事业部资产，浙江广厦（600052）以全资子公司整体资产和 4900 万元现金与广厦集团持有的上海国通电信有限公司92.86%的股权进行资产置换，通过现金投资于大股东控制的资产或企业，使大股东套现。

关联投资还可以以资产重组的形式进行，这种投资大多采取资产换资产的方式，其目的在于迅速调整公司的产业结构和资本结构，避免与母公司及兄弟公司开展同业竞争。如一些良好的关联重组是大股东为了加强上市公司的科技开发能力、加快产品的更新换代、造就行业内的龙头企业，而实施的资源优化配置行为。但是，也有很多投资是为了通过利用关联交易这种紧急措施，实现投资收益的大幅提高，力保再融资资格不失。另外，实现扭亏、摘帽，也是临近年末部分公司之所以进行关联交易的压力和动力，特别是一些 ST、PT 公司更是在年末的关键时期紧急行动。虽然这些上市公司可以通过关联交易，既实现资产置换，又满足提高利润的目的，但这种非经常性收益对上市公司的长远发展没有大的贡献，而且，由于关联交易价格可由双方协商决定，通过交易条件的调控更是成为某些利益集团及个人的获利渠道，这就必然会损害证券市场的健康发展。

关联投资最常见的一种表现则是上市公司在"应收账款"、"其他应收款"、"长期投资"等账项与控股公司的交易。将上市公司筹集的资金以债权或股权投资的方式不停地为控股公司输送资金血液，将自己置为上市公司在股市上提款机的地位。李增泉、孙铮和王志伟（2004）的研究发现，在2000～2003年间，我国分别有58.0%、54.2%、55%、62.7%、59.3%的上市公司向控股股东借出了资金，借出资金占总资产的比重分别为4.6%、5.0%、4.1%、5.9%、3.3%。

二、我国上市公司投资问题的原因分析

上市公司的投资决策是多种因素共同作用的结果。本书认为，造成我国上市公司非效率投资的原因，首先应该从投资决策的利益相关者，尤其是投资决策的决策者利益出发来进行研究，同时还必须考虑公司投资的物质基础，最后考虑公司做出投资决策时所面临的内外约束。因此，决策主体、物质基础和约束条件是分析上市公司非效率投资的基本出发点。具体而言，要分析形成我国上市公司无效率投资的原因可从以下六个方面进行。

（一）大股东的控制权收益

上市公司实际处于大股东控制之下的现象是一种普遍现象，即使

在西方市场经济发达的国家，上市公司的股份也呈现出越来越集中的趋势。La Ports 等（1999）在研究了 27 个发达国家的有关数据后认为，除了少数普通法系发达国家的大公司外，其余国家的公司中都普遍存在着大股东（Large Shareholder 或 Blockholder）。

大股东的存在，或者进一步说股权的高度集中，具有两个方面的效果：一方面，股权的集中有利于克服公司治理中股东"搭便车"的问题，大股东有足够的激励对经营者进行监督。但大股东实施监督带来的收益是按持股比例由全体股东共同享有的，而监督成本却由大股东单独承担，这使得大股东既可能积极监督，也可能消极监督，这取决于大股东的持股比例以及公司的具体情况。另一方面，股权的集中使大股东取得了公司的控制权，方便其牟取私利，尤其是通过侵害中小股东的利益攫取控制权私人收益。这种获利方式相比于积极监管成本更低，而且也更为简单直接。大股东利用控制权攫取的控制权私人收益由大股东单独享有，而由此导致的损失却由全体股东按持股比例分担。正是由于监督的外部性和控制权私人收益的存在，大股东往往易于放弃全体股东利益最大化或企业效率最大化的目标，转而依托于现有企业组织来实施个人利益最大化行为。

投资所形成的控制性资源是产生控制权收益的基本来源，正如 Shleifer 和 Vishny（1997）所指出的那样，大股东更倾向于通过资本投入以扩大企业的控制性资产，进而形成控制权私人收益，如减少现金股利、增加留存利润，甚至在内部现金充裕时，仍然以配股或增发的方式从中小投资者手中融入股本金，实施有利于增加控制权的扩张性固定资产投资，形成投资的总量与行业过度扩张。除了这种扩大控制性资产的行为外，大股东往往更多地采取占用上市公司资金、非公平关联交易等"投资"形式侵害中小股东的利益。在这个过程中，由于大股东并不直接参与企业的日常经营活动，大股东往往与经营者合谋以攫取控制权私人收益。在全球的大部分国家和地区，大股东对中小股东的侵害是一个普遍现象，公司治理的核心是解决控股股东与中小股东之间的利益冲突，即大股东与中小股东之间的股权代理冲突已成为企业的主要代理问题。

在中国转轨时期的特殊经济背景下，上市公司的先天因素以及转轨经济中的制度不完善、法律不健全，使得我国上市公司存在更加严重的大股东控制行为。在我国的上市公司中，第一大股东持有相当大比例的股份，有些甚至处于绝对控股地位。股份公司董事会、监事会的作用大幅度降低，上市公司实际上处于大股东的控制之下。在这种情况下，大股东易与公司经营者合谋，导致投资盲目化、企业价值下降。同时，大股东还会通过投资行为侵害利益相关者的利益。另外，由于控股的母公司与上市公司之间在人、财、物三方面并未完全分开，母公司对上市公司的资金依赖相当严重，上市公司通过股票市场募集的资金被控股股东长期大量占用的现象非常普遍。

（二）管理者的实际控制利益

所有权与经营权的分离是现代企业制度的典型特征。在股权高度分散的上市公司，单个股东对公司决策的影响微乎其微，股东大会对经营活动的控制权力通过委托代理关系过渡到了董事会和管理层的手中，其他利益相关者，如债权人、员工、客户、政府、社区等，虽然对上市公司拥有一定的管理权、收益权等，但对公司的投资决策几乎起不到任何重要作用。同时，由于信息不对称的存在，在公司实际投资决策中，控制权主要集中于公司的经营者（董事会、总经理、高级管理层）手中，尤其是管理层、管理者成为公司的实际控制者。在股权过于集中的情况下，如果大股东治理和监督不到位，同样也会导致实际上的内部人控制，这种状况在大股东为国家的情况下非常容易出现，最终都使得上市公司出现严重的"内部人控制"现象①。

在"内部人控制"的情况下，由于管理者的股权十分有限，这使得管理者与股东之间的利益形成了冲突。正如 Jensen 和 Meckling 所分析的那样，管理者不能百分之百地控制剩余权益，因而不能从盈利行为中获得全部利润，却要为这些行为负担所有的费用。因此，管理者在追求自身利益的过程中会采取各种手段，有目的、有策略地对信息加以筛选和歪曲，不惜损害公司其他利益相关者的利益。如管理者可能在管理企业资源上不尽力，把企业资源转化为他们自己的利益；在做出企业投资决策时，选择有利于自己而并非有益于股东的扩大投资项目等过度投资决策。因为过度投资有利于经理获得额外收益，这种额外收益包括货币收益与非货币收益。国外学者研究了经理报酬与企业规模之间的关系，研究结果表明，经理报酬与企业规模之间呈现显著的正相关关系。国内学者利用上市公司年报数据，研究了上市公司高级管理人员报酬与企业规模之间的关系，同样发现了正相关关系。非货币收益来源于控制权收益，包括经营大规模的企业带来的威望、地位、职务消费等。正是由于以上经理私人收益，经理存在激励动机进行过度投资。事实上，在我国，非货币收入或者说职务消费构成了管理者的主要收入，这更多地取决于公司的规模而非公司的效益。统计分析显示，我国上市公司总经理的年度报酬与每股收益的相关系数仅为 0.045，与净资产收益率的相关系数仅为 0.009。规模而非收益决定了管理者更多地倾向于机会主义投资行为。

除了管理者自身机会主义动机带来的各种无效投资外，管理者自身的决策缺陷也是形成各种无效投资的重要因素，这在行为经济学产

---

① 所谓"内部人控制"，根据青木昌彦的定义，是指企业经理人员通过与员工共谋，取得企业相当大的控制权，并侵蚀作为"外部人"股东的合法权益。我国国企的"内部人"通常是指董事会成员和经理人员，而国企职工在很大程度上并没有参与公司决策和影响分配，管理层成为公司投资的实际控制者。

生之后得到了更好的认识。管理者自身的决策缺陷由于经济人理性的相对性①，使得其为了减少对自身带来的不利影响，倾向于采取各种措施以将对自身可能的损伤降到最低，这种行为往往在客观上背离企业价值最大化的需要。管理者在做出决策时，往往会受喜、怒、哀、乐等基本情绪的影响，表现得过于自信或者厌恶风险，在投资时贪大求全或者裹足不前，甚至不能承担投资失败的现实，进而不放弃对失败项目的投资甚至不断追加投资以试图挽回败局，产生更大的投资过度；或者为维护已经建立起的声誉，避免投资失败时遭受过多的惩罚，简单地跟从大多数管理者的投资行为，而不是基于自己拥有的信息为企业进行决策，使得企业的投资未能根据企业的自身情况合理安排，使企业丧失有利的投资时机；或者是不恰当的过度投资、多元化投资；或者是不恰当的投资不足，鼠目寸光，短视倾向明显。

（三） 历史性与制度性的产权缺陷

股权问题是中国资本市场一道独特的风景线。我国股票市场的设立在很大程度上是为国有企业筹资、解困，这决定了我国绝大部分上市公司都是由原国有企业改制而成，而且改制后继续保持着由国家控股的国有性质，形成了企业中大量的国家股和国有法人股。而且，在流通时，做出了一种独特的制度安排，那就是证券市场只有 1/3 的股票是可以流通的，而 2/3 的股份则不能流通。在这 2/3 的不能流通的股份中，有 54% 的股份由国家持有，也就是说国有股占据了非流通股的绝大部分。这种大部分股票不能流通而国有股又占了非流通股大部分的状况，必然使我国的证券市场与国外证券市场产生重大的区别，

---

① 有限理性是 1978 年诺贝尔经济学奖得主 H. A. 西蒙的研究结论。根据西蒙的最新解释，有限理性一是指行为者具有理性意向；二是指其理性会受到实际智能的限制。简言之，个体的人由于自身的经验、阅历、知识水平、技能等的限制，使人们在作出决策（选择）时常陷于一种并不完全理性的预期之中。

使得股权割裂和市场割据，造成事实上的同股不同权，同股不同利，形成非流通股股东只关心公司净资产的变化，而流通股股东只关心股票价格的变化，由此形成了非流通股股东与流通股股东利益目标的背离。在股权分置改革之后，这种问题已经基本解决，因此本书不再展开这种制度性缺陷的后果分析。但应该清楚地认识到，股权分置改革只是解决了这种产权市场割裂对企业投资带来的影响，对不同产权主体的市场理性的贡献仍然有限。

事实上，在股权分置改革之后，不同性质股权的制度性缺陷，或者说是代理成本问题是最主要的，对此的分析一般侧重于国有股权的政府干预和所有者缺位的委托代理冲突。由于国家是一个行政性服务机构，于是便由国家派人代表国家行使所有者的权力，这种所有者代表来源于行政机构且受行政主管机构管理，因此必然使政府的目标在上市公司中得以体现。而政府部门的双重身份使其已有经济目标又有政治目标和社会目标，对国有控股上市公司的要求既有经营业绩也有非经济指标，这使得企业投资并不完全追求经济效益最大化，而具有一定的社会效益甚至是政治效益，使得企业投资的方向发生偏离。同时，国有股由于所有者的严重缺位，对上市公司的监督能力弱化，最终使代理人的权利越变越大，经理层获得了实质上的控制权，出现比较严重的委托代理问题。胡国柳（2006）对代理成本的分析就表明：在国有股权存在严重的缺陷的情况下，其他性质的股权同样也未能真正适应市场化的需求。例如，由于中国股市的低效率，中小股东既无监督公司的动机，也无监督公司的能力，流通股股东只关注市场上的资本利得，对公司治理的作用微乎其微。另外，流通股比例的提高有可能削弱控股股东的监管积极性，使得公司治理出现监管真空，为内部控制者的机会主义投资行为提供更多的便利。因此，虽然有一些实证研究表明流通股比例的增加可以提高企业的业绩，但是更多的实证研究倾向于支持流通股比例与企业业绩无关甚至是负相关。社会法人股虽然具有更多的监管积极性，但是在整个市场制度背景的约束下，其经济理性往往不是促使其提高监管以从公司业绩中获益，而是在一定程度上向机会主义靠拢，通过上市公司进行资源套取。由于国家对外资持股比例的限制，B 股、H 股难以通过国际通行的兼并收购等方式获取上市公司的控制权，A 股市场与 B 股、H 股市场的割裂则进一步阻止了这些境外投资者对公司治理的参与和对投资行为的制约。

（四）融资软约束

上述的大股东、管理者以及不同的产权主体作为投资中的人的因素，构成了企业投资的主导性因素。但是，企业的投资必须要有一定的物质基础，那就是投资的资金来源问题，除了内部的自有资金外，就只有外部的股权资金和债权资金。由于我国上市公司的自有资金一般比较紧张，自由现金流更是缺乏，这使得上市公司的很多投资都必须依靠外部资金。但令人遗憾的是，外部资金对企业投资的约束十分有限，形成事实上的"预算软约束"。上市公司融资的"预算软约束"使得他们可以低成本地获得大量的资金，外部融资尤其是股权融资成了企业内部现金流的调节器，削弱了企业投资对内部现金流的依赖，这为他们进行各种投资提供了坚实的物质基础，同时，也正是由于这种资金来得过于容易，成本过低，使得资金的使用缺乏应有的审慎，从而出现了过度投资等行为。

"预算软约束"和"投资饥渴症"是长期以来我国企业的一种普遍的投融资现实，"预算软约束"是 Komai（1980）在分析社会主义经济时所提出的一个概念，它描述的是社会主义经济中的一个普遍存在的现象，即政府不能承诺不采用财政补贴、贷款支持等措施去解救亏损的国有企业。林毅夫（2004）[①] 系统地阐述了对我国转型经济中企业的预算软约束问题的观点，认为"政策性负担"是造成我国企业预算软约束问题的根本原因。在以银行为主导的融资环境下，银行由于受到政府的控制以及出于自身的考虑，宁可让企业欠债不还甚至再贷款去养企业，而不愿意让企业破产、债务勾销，从而造成银行账面出现亏空。预算软约束的形成使企业在面临绩效不佳甚至亏损时存在着向政府或政府控制下的银行求援的理性预期，而这种预期的存在扭曲了企业所面临的真实的外部融资约束，并进而反映在企业的投资行为上。

上市公司大多由原来的国有企业转制而来，"预算软约束"和"投资饥渴症"的影响并没有随着企业的改制而消除。恰恰相反，传统计划体制下的"预算软约束"在资本市场的情况下进一步地演变发展，使得这些上市企业的融资更为便利，更容易出现非理性的投资。这种新的"预算软约束"可以从债权融资和股权融资两方面来考察。

1. 从债务上看，虽然我国《破产法》已制定多年，但它们对国有企业尤其是大中型国有企业几乎没有任何制约作用

上市公司作为一种特殊的企业，更是受到了多方的呵护，只要企业的上市资格得以保留，就可以继续融资，从而令企业包括地方政府都可以从中获益。银行作为债权人也宁可让企业欠债不还甚至再贷款养企业，也不愿因企业破产、退市、债务勾销而使银行账面出现亏空。由于壳资源的宝贵，上市公司在投融资问题上实际仍然面临着与计划经济相同的最后保证，只不过前者是政府财政的直接保护，后者是资

---

① 林毅夫（2004）在《政策性负担、道德风险与预算软约束》一文中认为，由于难分清楚一个企业的亏损是政策性负担造成的还是由于企业自身的管理不当或是企业经理人的道德风险造成的，而又不能推托对政策性负担所造成的亏损的责任时，就只好把企业的所有亏损的责任都负担起来。

本市场的间接保护，甚至一定程度上是各级部门的直接保护。由于没有了破产的风险约束，企业的风险和成本意识缺乏，虽然面临着股东大会等相关部门的审计和监督，"预算软约束"仍然存在。

2. 上市公司的股权融资同样表现为更为明显的"预算软约束"

在成熟的证券市场环境中，上市公司的融资行为会受到投资者和监管部门的制约。但是在我国当前资本市场效率不高的情况下，来自投资者和监管部门的约束相对较弱。这可以从再融资条件、再融资收益分配和再融资资金运用三方面来分析。

（1）从再融资条件方面看，由于上市公司独特的产权结构，上市公司的再融资行为不会受到中小投资者的任何制约，再融资偏好势不可当。监管者再融资资格审查方面的作用也相对有限，1999年以前，我国对上市公司的配股几乎没有限制，1999年以后，配股制度有所改进，对上市公司过去的经营业绩、两次配股的时间间隔作了规定。但是，以单一的净资产收益率指标作为审核上市公司是否具有配股或增发新股的资格标准，不能对上市公司的再融资的前提进行真正有效的评价，单一的评价指标在上市公司为获得配股或增发资格而作假面前往往力不从心。

（2）从再融资收益分配方面看，长期以来再融资资金的预期收益一直未受到应有的重视，再融资收益的分配更是缺乏应有的关注。2001年3月颁布的《上市公司发行新股管理办法》将上市公司分红派息作为再融资时的重点关注事项，当年证监会发布的《中国证监会股票发行审核委员会关于上市公司新股发行审核工作的指导意见》也提出应当关注公司上市以来最近三年历次分红派息情况，特别要求关注现金分红占可分配利润的比例以及董事会对于不分配所陈述的理由，从而使大多数上市公司从2001年度开始大范围进行现金分红。但是由于没有规定具体的分红比例，这种约束并没有对上司公司形成强有力的约束。由于证券市场市盈率和股价长时间维持在较高水平，与之相比的公司派息水平则显得微不足道，因此投资者并不指望通过获取公司的派息来得到投资回报，而是希望在市场的短期投机行为中获得资本利得。与国外相比，国内投资者对上市公司分红派息的压力明显不足。股权融资成本包括股利和发行费用，来自监管部门和投资者分红派息的压力不足，进一步降低了股权融资的成本，为上市公司的股权融资提供了非常有利的条件。

（3）从再融资资金运用方面看，对于地方政府来说，上市公司的再融资等于地方多了一个融资的窗口和渠道，对地方经济的增长具有推动作用。上市公司肩负着为地方经济服务的重任的现实使得地方政府具有要求企业再融资的动力，这必然会强化地方政府的保护主义，通过各种途径保持和恢复上市公司的再融资功能，这也加剧了上市公司的过度"圈钱"行为。

（五）董事会、监事会治理约束功能低下

在西方成熟的资本市场上，各种利益相关者之间的利益冲突带来的对投资的影响，会受到来自内部公司治理因素的约束，从而使得各种无效投资受到最大限度的制约。公司治理是通过一套包括正式或非正式的、内部或外部的制度或机制来协调公司与所有利害相关者之间的利益关系，以保证公司决策的科学化，从而最终维护公司各方面的利益。上市公司的法人治理结构中一般包括股东会、董事会、监事会和经理层几个部分。大股东的控制权收益、管理者的实际控制利益和历史制度性的产权缺陷形成了本书讨论过的各种无效投资行为。但是，从企业投资决策的过程看，董事会和监事会作为公司投资决策中的一个重要环节，是有可能起到规范上市公司投资行为的，当然这取决于董事会和监事会是否正确、有效地发挥监管功能。

2002 年 1 月 7 日，中国证监会颁布实施了《上市公司治理准则》，要求上市公司董事会按照股东大会的有关决议，设立战略、审计、提名、薪酬与考核等专门委员会，并提出战略委员会的主要职能是对公司长期发展战略和重大投资决策进行研究并提出建议。在该准则的指引下，战略委员会将具体负责起企业的投资决策，从而使董事会的投资决策更加专门化。同时，为了保障董事会的独立性，更好地发挥董事会的监管功能，我国从 1999 年开始引入独立董事制度，2001 年 8 月 16 日，中国证监会又发布了《关于在上市公司建立独立董事制度的指导意见》，规定在 2003 年 6 月 30 日前，上市公司董事会成员中应当至少包括1/3 的独立董事，这标志着独立董事制度在中国上市公司中开始全面铺开。

尽管经过十多年的发展，我国上市公司在形式上的内部组织和法人治理结构已经十分配套和完善，但是实际上却隐藏着诸多问题。在现实中，上市公司董事会的成员大部分是来自控制性股东的代表，大股东不仅控制了股东大会，而且通过其委派代理人占有董事会的席位控制了董事会。此时，由董事会提出的投资决策预案通常都体现着控制性股东的利益，因而会毫无阻力地被大股东控制的股东大会所通过，这实际上已经达成了投资决策的上下一致性。因此，上市公司在这种背景下所实施的投资决策规则实质上已经演变成为一种行政决策。在这种独特的股权结构和公司治理背景下，人们对独立董事的设立寄予厚望。然而实践表明独立董事制度并没有发挥其应有的作用。《上海证券报》2004 年 6 月推出的首份中国独立董事调查报告称，"无论是独立董事的客观行权环境，还是独立董事自身主观的行权愿望，都难令人满意"。其问卷调查揭示：33.3％的独立董事在董事会表决时从未投过弃权票或反对票，35％的独立董事从未发表过与上市公司大股东或者高管等实际控制人有分歧的独立意见，独立董事有边缘化趋势。而少数敢于说"不"的独立董事却往往面临被解雇的压力。其典型事件如伊利股份独立董事俞伯伟因提出财务审计被免去独立董事事件以及新疆屯河的独立董事辞职事件①。内部治理机制中董事会、监事会缺乏独立性，外部董事形同虚设，在一股独大的状态下，整个公司的运作为单个个人或单个股东所控制，董事会、监事会往往成为橡皮图章，根本无法有效地约束上市公司的投资决策。

（六）市场约束的缺乏

完善的市场监管是企业投资行为有效率的外部约束，这种约束一般通过强有力的信息披露和监管者的管制和惩罚得以实现。我国证券市场由于发展时间较短，市场规范不足，上市公司的信息披露存在滞后及其他诸多隐含问题，而有限的监管惩罚相对于巨大的违规收益而言更是微不足道，这使得上市公司的违规行为有恃无恐。

从信息披露的角度看，为了改变我国证券市场上重筹资、轻使用的现状，也为使投资者充分了解公司投资资金的使用情况，我国现行法律法规对上市公司募集的资金使用情况作了较为详细的规定。中国证监会在《关于执行〈公司法〉规范上市公司信息披露的通知》中规定：如果公司在报告年度内募集过资金（包括增资配股），或者虽然报告年度内没有新募集资金，但报告年度之前募集的资金所投入的项目的建设延续到报告年度之内，则应就资金的投入情况、项目的建设进展是否符合计划进度、目的收益是否与预测相符、拟投资项目与实际投资项目的异同，或公司改变投资项目的法律程序这几个方面对资金的运用情况和结果加以说明。同时，为进一步强化对前次募集资金使用情况的监管，证监会在《关于进一步规范上市公司配股行为的通

---

① 蔡岩：《对中国独立董事制度陷入困境的思考》，《科技情报开发与经济》2008 年第 4 期。

知》中要求为上市公司出具审计报告的注册会计师需提供前次募集资金使用情况的专项报告，说明公司前次募集资金的数额和资金到位时间以及公司前次募集资金的实际使用情况，并与董事会说明、定期报告的披露及招股（配股）文件的承诺相对照，指出其中的异同。

应该说，上述法律法规对我国上市公司募集资金使用的信息披露方面做了细致的规定，这将对上市公司的投资行为起到有效的监督。但也应看到，我国的法律法规关于募集资金的使用不当造成的损失以及未达到预期效果的经济责任及罚则规定较少，这为上市公司提供了滥用投资者资金提供了机会。尽管近年来因违法违纪受到处罚的上市公司为数不少，但一般只是采用行政处罚的处理方式，对于受害的投资者没有给予相应的补偿，对上市公司违法违规处罚力度还十分不够，对于违法违规的直接当事人并没有起到真正的威慑作用。从历年上市公司年报也可看出，上市公司不按照规定披露资金使用方面的信息，但仍能通过注册会计师的审计，并且有些注册会计师还出具了无保留意见的审计报告。缺乏有效监管的会计、审计难以起到有效约束上市公司投资的功效。

此外，即使是政府权威部门主导的一些监管工作，往往也容易流于形式，不能真正地坚持到底。2006 年，沪深交易所将大股东及其附属企业非经营性占用资金的清欠工作作为证券监管工作的重点，两所先后出台了信息披露备忘录、关于做好 2005 年年度报告工作的通知等一系列文件，通过网站公开披露资金占用情况，紧密结合股改，探索以股抵债、以资抵债、分红抵债等创新方式着力推动资金占用清欠工作，并取得了一定程度的进展。但截至 2006 年 5 月 31 日，两市尚有189 家上市公司存在不同程度的资金占用问题，合计占用余额为336.41 亿元，个别公司甚至产生了新的占用；一些上市公司至今仍清欠无计划、措施不落实，相互敷衍推诿，严重阻碍了清欠工作的顺利推进。总的来说，上市公司的外部监管更多的还停留在制定法律法规的层次上，法律法规的执行方面仍然任重而道远。

三、小结

本章对我国上市公司的投资行为进行归纳、总结和分析，认为当前我国上市公司的投资存在五个方面的问题，即贪大的投资过度、短视的投资不足、盲目的投资多元化、随意的投资变更和隐蔽的关联投资。造成我国上市公司非效率投资的原因主要在于大股东的控制权收益、管理者的实际控制利益、历史性与制度性的产权缺陷、融资软约束、董事会、监事会治理约束功能低下和市场约束的缺乏，规范我国上市公司投资行为、有效提升上市公司投资效率仍然任重而道远。

第四章 上市公司投资过度与投资不足的实证研究

总体而言，上市公司的投资包括投资决策和投资效应两个方面。公司投资决策的正确性和投资效应的利益性是决定投资行为对上市公司的发展能否起到积极作用的关键，而上市公司投资行为又是决定上市公司质量和长期价值的关键，因而投资决策一直是理论界与实务界关注的焦点。近年来，我国学者对上市公司的投资行为的研究主要集中在投资效率和融资约束上，其中投资过度是一个经常被提及的问题。尽管融资资金配置效率低下是我国上市公司在投融资方面的显著特征，但上市公司究竟是存在过度投资还是投资不足，学者们对此意见不一。因此，分析上市公司究竟是存在过度投资还是投资不足，进而研究其产生的主要原因，并根据分析结果提出相应的对策建议，对于促使上市公司采取最优投资决策、提高公司价值、保护投资者利益以及促使我国资本市场健康持续发展、提高管理层对上市公司的监管效率等方面都有着重大的意义。

一、文献回顾

对企业投资行为的理论研究一直以来都是理论界与实务界关注的

焦点。Jensen 和 Meckling（1976）从债权和股权的性质出发，认为由于债权和股权对企业的要求权是不同的，会产生"资产替代"问题，当债权人向股东提供资金后无法完全监督股东，存在信息不对称时，债权人如果意识到资产替代问题的存在，就会不愿意再向股东提供资金或会要求更高的资金价格，这都可能导致企业投资不足。Mayers（1977）认为，如果投资的大部分收益为债权人优先占有，会降低潜在的新投资者的投资意愿，企业经理被迫或因信心不足而放弃有利可图的投资机会，出现投资不足；同时，短期债务能够减轻投资不足问题，因为这种债务可能在获取投资项目增长收益之前到期。Stiglitz 和 Weiss（1981）提出，在事前信息不对称的情况下，债权人与股东之间会产生逆向选择问题，债权人由于无法获得企业的完全信息，只能根据市场中企业的平均水平来评估企业价值，从而只愿意按平均水平企业的标准来提供资金。这样的话，真实价值高于平均水平的企业如果要获得资金就要支付额外的成本，使企业的融资成本提高，从而产生投资不足的情况。相反，真实价值低于平均水平的企业则可能会获得额外收益，出现过度投资的情况。

Malmendier 和 Alan Tate（2002）认为过度自信的经理人会高估所投资项目的价值，他们认为公司的外部融资成本高于内部融资成本，因而当公司内部有多余现金流的时候，公司便会投资过度。Odean（1999）认为，经理人特别是高级经理人很容易过度自信，且经理人的过度自信会在企业投资决策过程中发挥重要的作用。Odean（1999）采用一个简单的资本预算模型，比较了过度自信的经理人与理性的经理人的投资决策，结果发现过度自信的经理人由于过于乐观，倾向于较早地接受并从事项目；而理性的经理人由于厌恶风险，则倾向于推迟接受项目。此外，经理人由于过度自信而高估自己的能力，从而愿意投资一些风险更高的项目。因此适度自信的经理人有利于公司价值的提高，但过分自信的经理人由于承担的项目风险过高，项目投资失败的可能性也会加大，则会给公司带来损失。Malmendier 和 Tate（2003）首次运用实证方法研究了经理人过度自信下投资与现金流之间的敏感性，检验结果发现过度自信的经理人往往高估项目的投资收益，从而更容易投资于净现值为负的项目。

鉴于传统体制下固有的预算软约束和强烈的扩张冲动以及投资低效率，投资问题在国内受到了很大的关注。一些研究就一般层面来考察影响上市公司投资行为的主要因素，如周杰（2005）研究了我国上市公司管理层股权结构如何影响公司投资，其研究结果表明，我国上市公司存在过度投资的行为，而董事长与总经理持股有助于改善企业的投资行为，减少企业的过度投资。但魏锋和冉光和（2006）认为，无论有无控制变量，管理层持股比例对公司投资的影响都不显著。饶育蕾和汪玉英（2006）则发现第一大股东持股比例与投资—现金流敏感度之间呈显著的负相关，并且当第一大股东是国家股时，负相关系数更大。

此外，有不少的文献集中于研究过度投资问题。这些研究大多通过确定过度投资的衡量指标，进而考察资本结果、自由现金流量、公司治理因素对过度投资的影响。如李鑫（2007），唐雪松、周晓苏和马如静（2007），张功富（2007），魏明海和柳建华（2007）等人都通过不同的方法实证考察了企业的投资程度，分析结果表明，我国企业存在过度投资问题。

在过度投资的影响因素方面，李鑫（2007）通过实证检验后发现，上市公司过度投资程度与自由现金流量水平显著正相关，说明自由现金流充足的上市公司更容易发生过度投资行为。张功富（2007）发现，过度投资显著地集中在拥有自由现金流量的企业中，18.92%的自由现金流量被用于过度投资，55.16%的自由现金流量以金融资产的形式保留在企业中。胡建平和干胜道（2007）发现过度投资与自由现金流量显著正相关，而且自由现金流量为正的公司更可能发生过度投资。罗琦、肖文翀和夏新平（2007）的研究结果表明，融资约束与过度投资导致企业投资支出与内部现金流密切相关：民营企业、大规模地方国有企业中存在过度投资，所持有的现金具有明显的壕沟效应，进一步提高了投资—现金流敏感度；而中、小规模国有企业面临的融资约束比较突出，为了抵御外部融资约束，持有现金充当对冲工具，从而降低投资—现金流敏感度。

在股权结构方面，刘昌国（2006）的研究发现，从总体上说，我国上市公司治理机制抑制自由现金流量的过度投资行为的功能较弱，法人控股公司的经理人员股权激励机制抑制自由现金流量的过度投资行为比国有控股公司的相应机制更有效，机构投资者持股机制不仅没有发挥公司治理的作用，反而加剧了上市公司自由现金流量的过度投资行为。李鑫（2008）发现，过度投资在国有控股上市公司中存在更为普遍，程度也更为严重。随着大股东持股比例的增加，上市公司过度投资程度加剧；机构投资者持股比例的增加不仅没有缓解上市公司的过度投资状况，反而有加剧的倾向。

从公司治理角度进行考察方面，李鑫（2007）认为，处于经理人控制之下的自由现金流有可能被投入到损害公司价值的非营利项目上，从而导致过度投资。但实证研究表明，中国上市公司过度投资程度与现金股利支付水平无关，他认为这是因为上市公司股利政策受到监管层政策驱动因素的影响，造成股利政策扭曲，并被异化为大股东进行利益输送的一种手段。李鑫和孙静（2008）对中国上市公司的实证研究发现，独立董事比例的增加并没有使上市公司过度投资减少高额的经理人薪酬，也未缓解上市公司过度投资状况；而董事会专业委员会对上市公司过度投资起到一定程度的约束作用。总体而言，上市公司治理机制尚未对过度投资发挥实质性的约束作用。李维安和姜涛（2007）的研究表明，股东行为治理、董事会治理、利益相关者治理对抑制过度投资积极有效，但监事会、经理层、信息披露机制的作用不明显。

从资本结果的角度进行分析方面，范从来和王海龙（2006）认为，债务融资在改善公司治理结构以及阻止公司过度投资方面确实有积极作用，他们从对民营控股上市公司的实证分析中充分证明了这一点。赵红梅和蒲蓉（2008）认为，我国上市公司存在过度投资的现象，且一个重要的原因是其负债（资本结构）并没有充分发挥理论上的抑制公司投资行为，使其投资于净现值为正的项目的作用。负债资本对我国上市公司软约束的主要原因是：占绝大比例的国有上市公司的负债资本并未对其投资行为产生有效的约束。而导致国有上市公司负债资本软约束的主要原因是，国有上市公司的负债主要来源于银行借款（尤其是四大国有商业银行），但由于我国不正常的政企和银企关系、有限的银行监管机制以及未真正建立起来的破产清算机制，造成了银行贷款对国有上市公司投资行为的软约束。另外，我国存在内部资本市场，但实证研究证明其并未充分发挥优化内部资源配置、提高集团成员企业（上市公司）投融资效率的功能。王艳辉和杨帆（2007）则从东北上市公司的债务结构入手，运用统计描述和相关的假设检验，得出债务期限结构对东北上市公司过度投资约束效果有显著影响，长期负债对过度投资有强烈的约束效果，短期负债的约束效果则不明显，与国外的研究结果相左；债务来源结构对过度投资则无显著影响。

总体而言，国内学术界对投资问题的研究较为普遍，而且更多关注过度投资问题。不难发现，学者对投资不足问题的研究极少，仅有的个别研究成果在分析存在投资过度的时候是否同时存在投资不足的问题仍不清楚。在分析影响投资的主要因素时，已有的研究更多地侧重于研究现金流、股权结构与公司治理，其他的公司特质对投资的影响未受到足够的重视，而且这些因素之间是否有重要性的差异也并未受到应有的关注。同时，某种因素如果影响企业投资行为的话，它又是如何进一步带来投资的过度或者不足的，两者是否一致，也是一个值得研究的问题。最后，已有研究对过度投资的衡量是否合理，能否有更好的改进方法也是非常重要的一个研究课题。

针对上述不足，作为一种改进，本书将先从一般意义上考察投资的影响因素，同时采用新的方法来度量投资过度与投资不足，并采用Logistic 模型来对投资过度与投资不足的影响因素进行研究。

二、研究设计

（一）投资的衡量

企业的投资有很多类型，如实物投资、金融投资、研发支出等，鉴于实物投资是企业最重要的投资行为，而且基于数据来源的考虑，本书在这里仅限于采用实物投资作为主要的考察对象。从衡量指标看，国外的研究对企业实物投资规模的度量主要采取以下几种方式进行：

方式一：投资支出＝（本期固定资产净值－上期固定资产净值）/上期固定资产净值

方式二：投资支出＝厂房、设备投资数额/期初资本存量

方式三：投资支出＝固定资本存量重置价值增加额/本期固定资本存量重置价值

在国内的研究中，周杰（2005）用固定资产的投资水平表示企业

的投资指标,其具体计算方法为本年固定资产净值增加额与该年的固定资产折旧之和;饶育蕾和汪玉英(2006)采用的是长期资产的增加值与总资产的比值;魏锋和冉光和(2006)则采用固定资产原价、工程物质和在建工程三项的增加值之和与期初固定资产原价的比值来表示投资;陆正飞等人(2006)则定义投资为固定资产、在建工程和长期投资三项的增加值之和与期初总资产的比值。以上对投资的考察都是从增量视角进行的,只不过对投资的表征略有差异而已。

本书定义:

投资(Invest)=

$$\frac{\text{固定资产原价、在建工程和长期投资三项的增加值之和}}{\text{期初总资产}}$$

用公式表示为:

$$Invest_{it} = \frac{I_{it}}{K_{it-1}}$$

(二)投资过度与投资不足的衡量

过度投资一般是指企业投资于负净现值的项目。对项目的选择有两种理论方法:一是Jorgenson(1963)的新古典模型,即边际理论:在不存在不确定性的条件下,当额外单位成本的边际收益等于资本的使用成本时,企业可实现利润最大化,这时企业应当投资;二是Tobin(1969)的Q理论。Tobin将Q定义为一个企业的资产市场价值与其重置成本(生产这些资产的成本)之比。其含义是:当Q>1时,市场价值高于重置成本,此时增加资本的成本将小于资本收益现值,因而投资者有利可图,应当投资;当Q<1时,市值低于重置成本,投资应被抑制。

Richardson(2006)将过度投资定义为:超出企业资本保持和净现

值为正值的新投资后的投资支出。他认为，企业的新增投资支出由两部分组成：一部分为预期的投资支出，与企业的成长机会、融资约束、行业和其他因素相关；另一部分为企业的非正常投资支出，其可能为正也可能为负，正值代表过度投资，负值代表投资不足。

在国内的研究中，赵红梅（2007）认为托宾 Q 可写为（R－g）/（K－g），由于 Q>1 是一个企业有投资价值的基本依据，因此只有当 R>K 时，才能进行投资；可以通过股东权益收益率与资本成本的大小来确定托宾 Q 的大小，以判断上市公司是否存在过度投资行为。但，一方面由于上市公司的资本成本很难确定，另一方面由于中国资本市场的独特性，Q>1 是比较普遍的现象，因此这种方法对过度投资的衡量有待商榷。

对过度投资的一种衡量方法是检验交叉项的系数。李维安和姜涛（2007）参照 FHP（1988）的计量模型和 Vogt（1994）的方法，首先检验样本企业投资与现金流之间是否存在显著的相关性，并在此基础上检验投资现金流相关性是否由于过度投资引起。第二个回归方程中交叉项 Q×FcF 的回归系数符号可以用来辨识投资现金流相关性产生的原因，如果系数显著为负，则表示随着投资机会的降低，企业的投资现金流相关性增强，由此说明过度投资行为的存在。罗琦、肖文翀和夏新平（2007）同样通过在回归模型中引入交叉项的方式来判断投资对融资约束和现金流的敏感度，由此判断投资的过度问题。

国内对过度投资的度量，还有利用实际投资水平对适度投资水平的偏离来进行的，如刘昌国（2006）把企业的适度投资需求与企业成长机会联系起来建立一个关系函数，求出适度投资需求，然后再度量实际投资与适度投资的偏离。胡建平和干胜道（2007）引入成长性、资产负债率、现金持有水平、上市年龄、公司规模等变量构建投资方程，利用此模型的拟合值和残差来度量过度投资。张功富（2007）将企业的新增投资支出分为两部分：一部分为预期的投资支出（即最优投资），由企业的成长机会融资约束行业和其他因素决定；另一部分为非效率投资支出（投资过度或投资不足）。模型估计的被解释变量的预测值即为由企业成长机会、融资约束、行业和其他因素决定的最优投资水平，而模型的估计残差即为非效率投资，正残差为过度投资，负残差为投资不足。李鑫（2008）认为，企业的实际投资支出可以分为两部分：适度投资支出和过度投资支出。要对企业过度投资的程度进行衡量，关键是要识别企业实际投资支出中，哪些是企业成长机会驱动的正常（适度）投资支出。他在实证过程中利用主成分分析法构造企业成长机会综合函数，将上市公司最佳投资水平视为该企业成长机会的增函数，并以公司当期过度投资金额与期初资产账面价值的比值来定义公司过度投资程度，这是对过度投资的进一步发展。

从衡量方法看，通过模型中的交叉项的系数虽然可以判断出投资对现金流的敏感程度，但是，通过这种方法衡量的过度投资并不直观，对不同公司之间过度投资的程度也无法进行有效的比较。通过模型估计残差虽然可以很直观地衡量出过度投资和投资不足的程度，但也存在一个问题：从计量回归模型拟合的角度，我们知道最小二乘法的结果必然是一部分的样本处于拟合线的左上方，另一部分的样本处于拟合线的右下方，因此在以残差正负来度量投资过度的时候，到底是存在着投资不足问题还是投资不足，已有的文献并没有说明。最后，在采用估计投资方程时，是简单的以托宾 Q 衡量的成长性来估计投资方程，还是以各种成长性指标来综合评价成长性之后再估计投资方程，抑或是将各种可能影响投资的基本因素都用来估计投资方程，均存在选择的问题。其理由是：如果一个因素影响投资而未被纳入投资方程，那么它一定存在于投资方程的残差之中，此时以残差来衡量过度投资，在以该变量为自变量进行回归必然是相关的，但是这种回归的意义其实并不大，因为在一开始直接把该因素代入投资方程考察其是否对投资具有显著影响时，就已经解决了该问题。

从衡量方法看，到底是投资过度还是投资不足，取决于衡量标准。从最简单的情况出发，可以取一组上市公司，计算其投资的平均水平，从直观上考察可以认为，超过平均水平的就是投资过度，低于平均水平的就是投资不足［见图4-1（b）］。按照这样的逻辑，笔者发现利用线性方程寻找最优投资水平只不过是这一方法的进一步发展，即在定义最优投资水平时考虑了很多的因素，因而比简单地用均值来划分更科学。但是，这两种方法都有一个共同的问题，那就是它们都将样本归为两类，其结果必然是每一个公司不是投资过度，就是投资不足。

针对上述不足，作为一种改进，本书将这两种方法结合，首先根据投资水平的均值和中位数将样本划分为三个区间，然后估计投资方程，最后将位于投资方程左上方，并且处于均值和中位数中相对大者之上的样本上市公司定义为过度投资者［图4-1（a）上部的阴影部分］，将位于投资方程右下方，并且处于均值和中位数中相对小者之下的样本上市公司定义为投资不足者［图4-1（a）下部的阴影部分］。

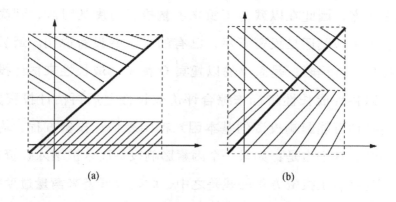

图4-1 投资过度与投资不足模拟

（三） 解释变量

1. 成长性

在经典的投资理论中，企业的资本支出与投资机会密切相关，托宾 Q 理论将投资活动与资本资产市场结合在了一起。Q 是公司资产的市场价值与其重置成本之比率，本书利用期初托宾 Q 值来衡量潜在投资机会，并预期投资与托宾 Q 呈正相关。本书采用两种方法来计算托宾 Q 值：

成长性（Q_1）＝（流通股数 × 流通股价格 ＋ 非流通股数 × 每股净资产 ＋ 负债的账面价值）／总资产

成长性（Q_2）＝（总股数 × 流通股价 ＋ 负债的账面价值）／总资产

同时，还引入资产增长率（Growth）来衡量成长性和投资机会。

2. 资产负债率

债务有利于减少股东之间的代理成本，这对股东的行为产生影响。Hart 和 Moore （1995） 认为硬债务能够约束管理层的乱花钱行为，当前债务杠杆和企业未来投资增长将呈负相关关系。辛清泉和林斌（2006） 的研究发现，企业投资支出整体上同债务杠杆呈负相关，但债务杠杆的提高也从另一方面反映了企业的融资结果，这很可能是为投资而进行的融资的结果。

资产负债率（LEV）＝负债／总资产

3. 债务期限结构

Myers （1977） 认为，公司未来的投资机会类似选择权，这些选择权的价值取决于公司对其进行最优选择的可能性。在某些情况下，债权人获得足够多的利益以致一个营利性项目不能给股东提供正常回报，进而产生投资不足的问题。因此拥有较多增长期权的企业应使用期限较短的债务，增长期权的增强提高了企业短期债的使用，更多的增长期权导致更低的杠杆。Stulz（1990）、Hart 和 Moore（1989）认为，缩短债务有效期限可以减少源于资产替代效应和投资不足的代理成本，短期债务通过要求定期支付本金触发有效监督，具有更多成长机会的公司将发行更多的短期债务和维持更短的债务期限结构。Jensen（1986）提出了基于提高公司自由现金流使用效率的债务期限理论。他认为，当企业拥有较多的自由现金流时，管理者存在着利用公司自由现金流收益从事获得非金钱私人利益的过度投资道德风险行为，此时，短期债务融资有利于经常性地减少企业的现金收益，从而经常性地减少自由现金流；另外，短期负债还增加了企业发生财务危机的可能性，这将激励管理者作出更有效的投资决策，更有效地使用企业资金。本书把偿还期限在一年以上的债务定义为长期债务，期限比率定义为长期债务占总债务的比例。

4. 内部现金流

企业投资的融资因素假说认为，如果资本市场是不完全的，则企业的内部现金流会对投资决策产生显著的影响。大量的文献都证实了企业投资对内部现金流的依赖性。学术界尽管对中国企业的融资顺序有不少的争议，但内部现金流低成本的特点是被公认的，因此企业的融资会优先考虑内部的现金流。

对于现金流的取值问题，很多人认为，当期更能反映当期需求与内部现金流的可用性。但是，根据我国企业的一般状况，投资计划常常是董事会根据前一年度的公司经济运行情况于期初制定的，那么上期的内部现金流则构成了企业当期内源融资的主要来源。同时，当期的现金流量的形成有一部分是源自本期的投资支出的贡献，如此投资支出与内部现金流之间的因果关系将会发生变化。因此，本书考察滞后一期的现金流对投资的影响，预期滞后一期的现金流与投资呈正相关。

现金流 = 净利润 + 固定资产折旧 + 无形资产和其他资产摊销

5. 企业规模

Jalilvand 和 Harris（1984）认为，大企业的信息不对称问题与代理问题相对较小，其所拥有的有形资产也较多，破产的风险较小，因此大企业较容易进入长期负债市场，其融资的成本较低。Titmans（1988）认为规模较大的企业更可能进行多元化投资，Khaoula Saddour（2006）认为大企业一般具有较高的经营现金流。大企业一般信息较充分，面临的投资机会也较多。本书以总资产的自然对数来表示企业规模（Size），并预期投资与企业规模呈正相关。

6. 销售额

引入销售额是为了反映销售加速原理。加速原理是产量变动引起投资更大变动的理论，其基本含义是：①投资是产量变动率的函数，它的变动取决于产量变动率，而不是产量变动量。②投资的变动大于产量的变动：当产量增加时，投资的增加率大于产量的增长率；当产量减少时，投资的减少也大于产量减少，这就是加速的含义。投资的变动大于产量的变动是因为现代生产是一种"迂回生产"，即采用了大量的机器设备的生产，因此，在开始时必然引起大量的投资。同样，在产量减少时，投资会减少得更多。加速原理所反映的正是这种现代化大生产的特点，说明了产量（即国内生产总值）水平的变动是影响投资水平变动的重要因素。本书用 $Sale_{it-1}$ 表示滞后一期的销售收入与期初资产的比值，销售收入用主营业务收入来表示。

7. 企业年龄

选择企业年龄的理由是：由于企业投资水平与企业生命周期有关，在一个激烈的市场竞争中，企业的生命周期都不会很长，企业年龄越大，面临的产品更新、周期调整的压力也就越多。另外，年龄越长的上市公司，其各种负担可能比较多，物质基础也不是很好，尤其是中国的上市公司，上市时间越长，盈利越差，如此其进行投资的实力可能就会越差。可见无论是哪一种情况，企业年龄都会对其投资行为产生显著影响。本书以上市公司的上市年份距离样本期的长短来表示公司年龄的大小，用符号 Year 来表示。

（四）股权变量

以上从基本面的角度选取了七个变量。从投资的角度看，这七个方面是一个企业投资最基本的决定因素。本书认为，在基本面因素决定投资的基础上，股权变量是可以对其投资行为产生一定影响的，带来投资的过度或者不足，因此在研究过度投资和投资不足时，本书还将考虑股权变量在基本面因素决定基础上的进一步影响。

1. 股权集中与股权制衡

在股权集中的公司中，大股东有动力和能力去监督经营活动并有效降低股东与管理层矛盾引发的代理成本（Schleifer & Vishny，1986；Demsetz & Lehn，1985），这会对公司的投资行为产生遏制。另外，由于制度安排和历史的原因，我国上市公司第一大股东存在相当大动机占用上市公司资金，第一大股东的持股越高，股权越集中，越有可能占用上市公司资金，而投资必然减少可供占用的资金，这同样会减少企业的投资。当然，在第一大股东持股比例较低的情况下，大股东与管理层的合谋也会导致投资的扩张。本书以第一大股东的持股比例来表示股权集中度（NO1），预期第一大股东持股比例与投资成反比。同时，本书还将引入第一大股东的持股比例的平方项。

考虑到不同股东之间的相互影响，本书以除第一大股东之外的前四大股东的持股比例和与第一大股东的持股比例的比值来表示股权制衡，用符号 NO2345/1 来表示，该比值越大，说明股权制衡越大。

2. 股权比例

不同性质的股东具有不同的行为特征。国有股比例过高，必然导致公司中的"内部人控制"，导致管理人员的行为偏离公司价值最大化。同时，国有股的特殊性质限制了外部监管机制的作用，使得公司治理机制难以顺畅运行。与国有股股东相比，社会法人股股东则具有更多的"经济人"属性。张文魁（2004）认为，国有大股东用上市公司的资金来支持存续企业的生存和发展似乎成了一条"潜规则"，民营大股东也有直接占用上市公司资金的行为，但要轻微一些。Gedajlovic 和 HaIhimoto（2001）的研究发现，法人股进行股权投资的主要目的在于获取投资收益、进行规模扩张。本书分别计算了流通股比例（Liq）、国有股比例（State）和社会法人股比例（Nstate），预期国有股比例与投资成反比，流通股比例、社会法人股比例与投资成正比。

3. 管理层持股比例

Jensen 和 Meckling（1976）认为，经营者努力经营的成果由股东和经营管理者双方分享，而成本却由经营管理者单独承担，这种不对称势必引起经营管理者努力水平降低，与此相应的是经营管理者选择有利于自己而并非有益于股东的投资项目进行过度投资和扩大非生产性消费。据此他们认为，经理持有公司股份会形成对经理的激励，不仅影响公司投资，而且影响公司价值。本书以上市公司高管持股比例（Manager）来表示管理层持股情况，并预期投资与高管持股比例呈负相关。

（五）样本数据与实证模型

本书首先从一般意义上考察了上市公司投资水平的影响因素。取 2004～2008 年的上市公司数据作为实证研究的基础数据。样本选取的基本标准如下：该企业在 2004 年已经上市，样本期间内不存在行业变动，所有指标原始数据可以获得。本书以在沪、深两地上市并仅发行 A 股的非金融类上市公司作为研究样本，剔除数据不全或异常、含有外资法人股、含有发行 B 股或 H 股以及 2004～2008 年曾经 PT 或 ST 的公司，最后的样本实际为 846 家，其中沪市 526 家，深市 320 家（研究数据全部取自 Wind 资讯金融终端 2008 版数据库和国泰君安数据库）。为了控制行业因素，除了设立行业虚拟变量之外，还以制造业为样本，单独考察其投资的影响因素，并根据该回归方程，估计相应的投资水平，并判断过度投资情况。

然后考察投资与公司基本面因素之间的关系，找到显著的公司基本面因素，在此基础上，计算相应的残差，并与均值和中位数结合起来，将上市公司判断为投资过度与投资不足者，最后通过采用 Logistic 回归方法，将投资过度与投资不足的上市公司作为对比，来研究上市公司投资过度行为的决定因素。

本书的实证模型为：

$$Invest_{it} = \alpha + \beta_1 Growth_{it-1} + \beta_2 Lev_{it-1} + \beta_3 Mat_{it-1} + \beta_4 Flow_{it-1} +$$
$$\beta_5 Size_{it-1} + \beta_6 Sale_{it-1} + \beta_7 Year_{it-1} + \beta_8 Q_{it-1} +$$
$$\beta_9 H_a + \beta_{10} H_b + \cdots + \beta_{20} H_m + \varepsilon \qquad (4-1)$$

$$Ln\left[\frac{p}{1-p}\right] = \beta_0 + \beta_1 Growth_{it-1} + \beta_2 Lev_{it-1} + \beta_3 Mat_{it-1} + \beta_4 Flow_{it-1} +$$
$$\beta_5 Size_{it-1} + \beta_6 Sale_{it-1} + \beta_7 Year_{it-1} + \beta_8 Q_{it-1} \qquad (4-2)$$

$$Ln\left[\frac{p}{1-p}\right] = \beta_0 + \beta_1 Growth_{it-1} + \beta_2 Lev_{it-1} + \beta_3 Mat_{it-1} + \beta_4 Flow_{it-1} +$$
$$\beta_5 Size_{it-1} + \beta_6 Sale_{it-1} + \beta_7 Year_{it-1} + \beta_8 Q_{it-1} + \beta_9 Y_{it-1} \qquad (4-3)$$

方程（4-1）为公司基本面因素的回归，H_i 表示行业虚拟变量，

ε 为残差。方程（4－2）为考虑公司基本面因素的 Logistic 回归模型，根据制造业结果进行。方程（4－3）为代入股权变量的 Logistic 回归模型，其中 Y_{it-1} 表示逐步引入的股权变量。

三、投资影响因素的实证回归

首先对全行业样本进行描述性检验。表4－1显示，上市公司投资水平平均年增长9%左右，当然不同的企业之间增加差异很大：投资增长最快的达到了4倍多；而有些企业投资则出现了负增长（这种负增长主要源于在建工程的完成和长期投资的减少）。样本均值要明显高于中位数，总体上新增投资介于 5% ~ 9%。托宾 Q 的均值为 1.280993，并不是很高，而且分布具有很大的差异，最高的达到了 4.112661，而最低的仅为 0.838676，低于 1，说明这些上市公司的市场价值低于其重置成本，这应该归因于 2001 年以来资本市场的不景气。资产增长从均值来看超过了15%，但从中位数来看则略低，不到10%，个别企业的资产规模还出现了负增长。资产负债率的平均数为 0.486319，中位数略高为 0.504199，负债将近上市公司资产价值的一半，与其他非上市企业相比，上市公司的这一资产负债率相对较低。而债务期限指标只有 0.14689，长期债务的占比还不到15%，说明上市公司对长期债务的使用是比较少的。所有上市公司总资产的自然对数指标的均值和中位数非常接近，约为21.3，其标准差在解释变量中相对较大，说明样本公司的规模之间存在相对较大的差异。现金流的均值为 0.05843，和中位数也比较接近，说明企业的现金流并不高，并且现金流的标准差也是最少的，说明这些上市公司的现金流之间的差距相对较小。同时，本书也发现，部分上市公司的现金流为负数，说明这些上市公司的现金流是比较紧张的。企业的销售增长率超过了50%，总体上说明企业的销售维持了较高的增长。样本上市公司最短的上市1年，最长的上市期限达到了16年，平均上市期限超过了7年。

表4-1　全行业样本描述性检验结果

	N	Mean	Median	Std. Deviation	Minimum	Maximum
投资	3384	0.090528	0.054255	0.196394	-0.782890	4.609593
Q1	3384	1.280993	1.193420	0.322268	0.838676	4.112661
Q2	3384	1.745891	1.513990	0.819700	0.732497	8.912751
资产增长率	3384	0.153607	0.095095	0.275831	-0.750610	3.824863
Lev	3384	0.459634	0.471708	0.168714	0.008143	0.935909
Mat	3384	0.146890	0.078242	0.177683	-0.000940	0.955372
Cash	3384	0.058430	0.054463	0.051110	-0.411330	0.281199
Size	3384	21.368130	21.272410	0.916867	18.797550	26.978190
Sale	3384	0.657208	0.520986	0.531886	0.001636	7.388446
存在时间	3384	7.182033	7.000000	3.105204	1.000000	16.000000

　　在对上市公司投资因素作多元回归分析之前，需要先对回归方程各变量之间的相关性进行分析，因为如果回归方程各变量之间的相关性较大的话，会对回归分析结果产生扭曲。因此，根据建模需要，首先对投资与公司基本面变量之间的相关性进行了检验，检验结果如表4-2所示。从表4-2的结果看，最高的相关系数发生在Q1与Q2之间，但由于这两个变量是分别代入回归方程的，因此这种高相关性并没有影响，同时也说明了用这两种方法衡量成长性时差异较小。除此之外，本书还发现，企业规模和Q2之间的相关系数是相对较高的，但

表4-2　全行业样本相关性检验结果

	投资	资增率	Q1	Lev	Mat	Cash	Size	Sale	Year
投资	1 0								
资增率	0.130706 2.29E-14	1 0							
Q1	0.022209 0.196481	0.021204 0.217524	1 0						
Lev	-0.098080 1.08E-08	0.155382 9.83E-20	-0.264580 2.61E-55	1 0					
Mat	0.154319 1.75E-19	0.141213 1.54E-16	-0.094070 4.2E-08	0.123224 6.34E-13	1 0				
Cash	0.234017 2.54E-43	0.144000 3.84E-17	0.157359 3.32E-20	-0.327330 2.47E-85	0.154599 1.5E-19	1 0			
Size	0.110073 1.36E-10	0.096290 2E-08	-0.373310 2.2E-112	0.244166 4.04E-47	0.295393 4.12E-69	0.205743 1.14E-33	1 0		
Sale	0.008045 0.639915	0.001310 0.939282	-0.052060 0.002449	0.172626 4.77E-24	-0.227430 5.95E-41	0.106827 4.67E-10	0.116505 1.06E-11	1 0	
Year	-0.124130 4.28E-13	-0.229870 8.07E-42	-0.022620 0.188418	0.143146 5.9E-17	-0.069370 5.38E-05	-0.103420 1.64E-09	0.086579 4.56E-07	0.096143 2.1E-08	1 0
Q2	0.029059 0.091003	0.030122 0.079767	0.923737 0	-0.292960 5.86E-68	-0.090940 1.16E-07	0.189235 1.19E-28	-0.397060 3.5E-128	-0.043370 0.011630	-0.104770 9.99E-10

也只有 -0.39706，因此相关性检验结果可以初步排除控制变量之间可能存在的多重共线性问题。

同时，在投资与各变量之间，投资与资产增长率、托宾 Q、债务期限结构、现金流、企业规模、销售增长率都呈正相关关系，只不过与托宾 Q 和销售增长率的正相关关系在统计上并不显著，其他变量的正相关关系在统计上的显著性则都很高。资产负债率和企业年龄与投资都是显著的负相关。

考虑到托宾 Q 和资产增长率是对成长性衡量的两种不同的方法，本书分别将代入进行回归。表 4 - 3 显示的是全行业样本的回归结果。当采用托宾 Q 来衡量成长性时，两种略有差异的托宾 Q（Q1 和 Q2）都与投资正相关，但是并不显著。与之相对应的是销售增长率，虽然也与投资正相关，但是同样没有通过显著性检验。因此，表 4 - 3 中的第三列显示的是删除所有不显著变量后的结果。同时，资产负债率和存在时间与投资显著负相关，债务期限结构、现金流、企业规模与投资显著正相关。当采用资产增长率来衡量成长性时，资产增长率与投资显著正相关，在删除掉不显著的变量之后，得到表 4 - 3 最后 1 列的回归结果，此时行业虚拟变量与之前的回归结果略有差异，而销售增长率则在 10% 的置信水平下与投资正相关。

表 4 - 3　全行业样本回归结果

	Q			Growth	
(Constant)	-0.226630 -2.396930 **	-0.201850 -2.16148 ***	-0.183230 -2.290080 **	-0.176280 -2.172850 **	-0.174250 -2.175010 **
Q1	0.011966 1.050639				
Q2		0.002601 0.563232			

	Q			Growth	
Growth				0.059163 4.72140 ***	0.059326 4.74578 ***
Lev	−0.060390 −2.61989 ***	−0.061430 −2.66314 ***	−0.052040 −2.385370 **	−0.086610 −3.69808 ***	−0.084750 −3.68965 ***
Mat	0.106897 5.01573 ***	0.107038 5.02190 ***	0.093417 4.663235 ***	0.101591 4.77476 ***	0.097616 4.67925 ***
Cash	0.610169 8.13967 ***	0.616292 8.17791 ***	0.657229 9.22467 ***	0.561336 7.53202 ***	0.570593 7.73796 ***
Sixe	0.014897 3.43894 ***	0.014224 3.23304 ***	0.013488 3.41939 ***	0.013098 3.25863 ***	0.012819 3.24137 ***
Sale	0.010118 1.414203	0.009988 1.394913		0.010811 1.515538	0.011302 1.685271 *
Year	−0.006210 −5.62788 ***	−0.006140 −5.55672 ***	−0.005890 −5.51691 ***	−0.004840 −4.25977 ***	−0.004740 −4.29959 ***
H_a	−0.018470 −0.794760	−0.019010 −0.817770		−0.022430 −0.969080	
H_b	0.023746 0.814989	0.023985 0.822892		0.028037 0.965297	
H_d	0.062360 4.04010 ***	0.062110 4.02251 ***	0.063204 4.20893 ***	0.060831 3.95268 ***	0.063812 4.24719 ***
H_e	−0.036990 −1.444810	−0.037160 −1.451350		−0.034270 −1.342320	
H_f	−0.020420 −1.257840	−0.020440 −1.258410		−0.018380 −1.135990	
H_g	−0.034710 −2.297630 **	−0.034020 −2.25266 ***	−0.031320 −2.113660 **	−0.035720 −2.380230 **	−0.034090 −2.30645 **
H_h	−0.003170 −0.24546	−0.003200 −0.248210		−0.004430 −0.344800	
H_j	−0.047330 −2.81596 ***	−0.047380 −2.81535 ***	−0.049630 −3.04559 ***	−0.049850 −2.97417 ***	−0.047730 −2.89182 **

续表

	Q			Growth	
H_k	-0.001970	-0.002080		-0.004460	
	-0.113410	-0.119820		-0.257100	
H_l	-0.020910	-0.020110		-0.017890	
	-0.580450	-0.555260		-0.500390	
H_m	0.008780	0.009398		0.008451	
	0.602714	0.645530		0.583401	
R^2	0.093667	0.093455	0.091067	0.099336	0.097769
$Adj - R^2$	0.088819	0.088606	0.088912	0.094518	0.095094
F	19.320110	19.271910	42.267940	20.618430	36.550990
D - W	1.988416	1.988907	1.986140	1.992668	1.987686

注：＊＊＊表示显著性水平为0.01，＊＊表示显著性水平为0.05，＊表示显著性水平为0.1。

从具体的方向上看，债务期限结构、资产规模、现金流和销售增长率都与投资显著的正相关，这与前面的预期完全相符。说明使用长期债务的企业会进行更多的投资，这种正相关关系反映的正是债务融资支持投资的结果，是内部现金流不足以支持投资需求的必然结果。大企业也往往具有较高的投资水平，而现金流与投资的正相关则更说明了投资对内部现金的依赖。同时，从企业年龄上看，上市时间越长的企业其投资越弱。而资产负债率与投资的负相关则恰好反映出了债务的约束功能，这与 Hart 和 Moore（1995）的分析以及辛清泉和林斌（2006）的结论是一致的。此外，行业之间的投资行为存在差异，电力、煤气及水的生产和供应业的虚拟变量与投资显著正相关，说明这个管制行业上市公司的实物投资水平相对较高。信息技术和房地产业的虚拟变量与投资显著负相关，说明这两个行业上市公司的实物投资水平相对较低。

为了进一步减少行业因素的影响，本书单独采用制造业上市公司样本又进行了逐步回归，得到表 4-4 的回归结果。发现表 4-4 的回归结果与表 4-5 基本一致，托宾 Q（Q1 和 Q2）都与投资正相关，但同样并不显著。不过销售增长率在一开始就与投资正相关并在 5% 的置信水平下通过了显著性检验。当采用资产增长率来衡量成长性时，资产增长率与投资显著正相关，销售增长率则在 1% 的置信水平下与投资正相关。其他变量也都在 1% 的置信水平下通过显著性检验。这也验证了回归结论的稳健性。

表 4-4　制造业回归结果

	Q			Growth
(Constant)	-0.391800 -3.04826 ***	-0.417090 -3.28841 ***	-0.377660 -3.46582 ***	-0.367580 -3.38542 ***
Q1	0.003079 0.207623			
Q2		0.003552 0.607780		
Growth				0.072699 3.98660 ***
Lev	-0.092950 -3.06829 ***	-0.092200 -3.04614 ***	-0.093440 -3.09471 ***	-0.117110 -3.81966 ***
Mat	0.160881 5.38390 ***	0.160733 5.37920 ***	0.160910 5.38627 ***	0.154659 5.18974 ***
Cash	0.612699 6.525444 ***	0.604844 6.42377 ***	0.616333 6.68292 ***	0.535421 5.69073 ***
Size	0.023384 3.94805 ***	0.024467 4.06020 ***	0.022902 4.20447 ***	0.022076 4.06553 ***
Sale	0.023176 2.107819 **	0.023035 2.09588 ***	0.023112 2.103339 **	0.025430 2.32001 ***

	Q			Growth
存在时间	−0.007080	−0.007040	−0.007060	−0.005390
	−4.83111***	−4.81591***	−4.82815***	−3.56039***
R^2	0.100674	0.100827	0.100654	0.108007
$Adj−R^2$	0.097409	0.097562	0.097857	0.104769
F	30.832700	30.884530	35.982140	33.350380
D−W	2.016496	2.016316	2.016473	2.022830

注：***表示显著性水平为0.01，**表示显著性水平为0.05，*表示显著性水平为0.1。

表4-5　制造业投资水平描述性统计

N	Mean	Median	Std. Deviation	Minimum	Maximum
1936	0.094197	0.059931	0.192566	−0.60208	3.610652

四、投资过度与投资不足的实证回归

（一）投资过度与投资不足样本的确定

根据表4-4制造业的回归结果，可以写出制造业上市公司的投资方程：

$$Invest_{it} = −0.36758 + 0.072699 Growth_{it-1} − 0.11711 Lev_{it-1} +$$
$$0.154659 Mat_{it-1} + 0.535421\ Cash_{it-1} + 0.022076 Size_{it-1} +$$
$$0.02543 SAle_{it-1} − 0.00539 Year_{it-1}$$

根据此方程，计算每一上市公司的理论投资水平，并与实际值比较，来观察某一上市公司的投资是超过还是低于该值，同时结合全行

业投资的平均值和中位数，按照图4－1（a）所示的方法来判断投资
归属情况。

首先对制造业投资水平的描述性统计。统计结果发现，制造业上
市公司的投资水平均值在9%左右，但中位数略低，只有0.059931。
根据这两个参数，对不同上市公司进行归类统计，如表4－6所示：在
所有1936个样本中，大于方程预测值的样本有737个，而小于方程预
测值的样本有1199个。因此，如果只根据投资方程来看，过度投资的
样本数要远小于投资不足的样本数。在大于方程预测值的737个样本
中，实际投资数大于投资均值的有527个，介于中位数和均值之间的
有91个，而小于中位数的有119个。在小于方程预测值的1199个样
本中，实际投资数大于投资均值的有153个，介于中位数和均值之间
的有197个，而小于中位数的有849个。

表4－6 制造业上市公司投资情况分布

	大于方程预测值	小于方程预测值
大于均值	527	153
（中位数，均值）	91	197
小于中位数	119	849
合计	737	1199

按照本书的定义，最后投资过度的样本有527个，投资不足的有
849个，投资不足的样本数要多于投资过度的样本数，这说明与投资
过度相比，我国上市公司投资不足的问题可能更为严重。

为进一步研究上市公司过度投资与投资不足问题，在上述定义的
基础上，采用Logistic模型来研究这一问题：对投资过度样本赋值为
1，对投资不足样本赋值为0，并根据上面的样本数目两个样本来进行

研究。

样本一的数据为投资过度与投资不足全样本的组合，包括投资过度的 527 个样本和投资不足的 849 个样本；样本二的数据为投资过度与投资不足问题最严重的组合，各包括 100 家上市公司。

（二）投资过度与投资不足样本的 Logistic 回归

首先对全样本进行组间均值检验。从表 4 - 7 全样本各指标的组间均值检验结果看，投资过度组别的上市公司在资产增长率、债务期限结构、现金流和企业规模方面都要高于投资不足组别这几项指标的均值，而在资产负债率、销售增长率和企业年龄上都要小于投资不足组别这几项指标的均值。从 t 检验结果看，双尾概率值小于 0. 05 的指标有资产增长率、债务期限结构、现金流和企业年龄，说明这几个指标在统计上存在显著的差异，两者具有不同的均值。而企业资产负债率、企业规模和销售增长率在统计上的差异并不明显。此外，在新增的股权结构变量方面，股权指标在统计上并不存在显著差异。

本书进一步采用 SPSS13. 0 进行二分类 Logistic 回归。在逐步剔除不显著的变量后，得到表 4 - 8 的二分类 Logistic 回归结果。如表所示，Logistic 回归结果同组间均值检验结果具有很大的相似性，在表 4 - 8 第一列显示的基本面因素的最后回归结果中，最后进入回归方程的恰好是均值检验显示的具有显著差异的资产增长率、债务期限结构、现金流和企业年龄这四个指标。因此在公司基本面因素中，是资产增长率、债务期限结构、现金流和企业年龄这四个主要因素决定了一个企业的投资是过度还是不足。从具体方向上看，资产增长率、债务期限结构和现金流与过度投资与否正相关，说明成长性越好的企业越容易发生过度投资，能够获得长期债务则为过度投资提供了支持，而现金流与过度投资与否正相关则更说明了投资对现金流的依赖状况，说

表4-7 投资过度与投资不足全样本组别组间均值检验结果

	过度组 均值	不足组 均值	t	Sig. (2-tailed)	Mean Difference	Std. Error Difference	95% Confidence Interval of the Difference Lower	Upper
资产增长率	0.218309	0.106166	9.162823	7.07267E-17	0.112144	0.013165	0.086306	0.137982
Lev	0.460961	0.452054	1.007712	0.313770152	0.008906	0.008838	-0.008430	0.026244
Mat	0.167515	0.102105	8.341770	8.55299E-15	0.065410	0.008290	0.049139	0.081680
Cash	0.071872	0.053661	7.621771	4.64106E-14	0.018210	0.002389	0.013523	0.022897
Size	21.333230	21.267850	1.424642	0.15448918	0.065372	0.045887	-0.024640	0.155388
Sale	0.663610	0.685006	-0.926000	0.340495921	-0.021400	0.022438	-0.065420	0.022626
存在时间	6.092979	7.244994	-7.227280	8.14597E-13	-1.152010	0.159398	-1.464700	-0.839330
NOI	43.662060	42.495740	1.293862	0.195930508	1.166321	0.901426	-0.602000	2.934642
N23451	0.357008	0.350501	0.076169	0.939295444	0.002414	0.031687	-0.059750	0.064573
国有股比例	0.202756	0.206670	0.470290	0.638222700	0.006506	0.013835	-0.020630	0.033646
法人股比例	0.398660	0.404301	-0.304590	0.760722345	-0.003910	0.012849	-0.029120	0.021293
流通股比例	0.218309	0.106166	-0.746860	0.455273989	-0.005640	0.007553	-0.020460	0.009175
高管股比例	0.460961	0.452054	0.581354	0.561097034	0.001425	0.002452	-0.003380	0.006235

表4-8 投资过度与投资不足全样本的 Logistic 回归结果

	(1)	(2)	(3)	(4)	(5)	(6)	(7)	(8)
Constant	-0.921730 22.04622 ***	-0.868460 10.80363 ***	-0.784580 2.880764 *	-0.896800 19.47165 ***	-0.877780 16.66158 ***	-0.873780 17.54054 ***	-1.079790 17.01387 ***	-0.918540 21.88607 ***
资产增长	1.715175 29.62923 ***	1.710268 29.40217 ***	1.712972 29.45097 ***	1.719613 29.69505 ***	1.703421 29.11018 ***	1.729045 29.89705 ***	1.704095 29.21162 ***	1.716904 29.69324 ***
Mat	2.673500 39.80695 ***	2.669299 39.65581 ***	2.664106 39.38536 ***	2.685235 39.9888 ***	2.686696 40.01926 ***	2.654561 39.08895 ***	2.672023 39.78917 ***	2.662784 39.46007 ***
Cash	10.664440 39.06239 ***	10.727530 38.90367 ***	10.699100 38.48144 ***	10.657940 38.99865 ***	10.725410 39.31153 ***	10.624420 38.64122 ***	10.874440 39.66775 ***	10.649230 38.96062 ***
Year	-0.126380 33.50709 ***	-0.127480 33.14893 ***	-0.127530 33.18024 ***	-0.126550 33.56901 ***	-0.127230 33.73610 ***	-0.127680 33.92671 ***	-0.130200 34.09153 ***	-0.127370 33.83081 ***
NO1		-0.001130 0.09053 ***	-0.005470 0.07493 ***					
NO1²			4.98E-05 0.048862					
N2345/1				-0.049660 0.223224				
国有股比例					-0.119720 0.247999			
法人股比例						-0.175700 0.455728		
流通股比例							0.425427 0.837558	
高管股比例								0.937013 0.445086
-2 Log likelihood	1624.544000	1624.453000	1624.405000	1624.32000	1624.296000	1624.087000	1623.703000	1624.057000
Cox & Snell R Square	0.139631	0.139688	0.139718	0.139771	0.139786	0.139917	0.140157	0.139936
Nagelkerke R Square	0.189769	0.189846	0.189888	0.189960	0.189980	0.190158	0.190484	0.190184

注：***表示显著性水平为0.01，**表示显著性水平为0.05，*表示显著性水平为0.1。

明越是现金流充分的公司越容易发生过度投资行为。在回归方程中，唯一对投资起遏制作用的是企业年龄，说明随着企业上市时间的延长，企业的投资冲动将越来越低，此时往往容易发生投资不足而非投资过度。

进一步逐渐引入股权变量之后，结果显示股权变量都没有通过显著性检验，这说明就全样本而言，股权因素并不是主要影响因素。因此，就企业的投资来说，公司基本面的因素是决定一个企业的投资是过度还是不足的最基本因素，股权变量虽然可能有影响，但相对而言并不重要。

采用同样的方法对投资过度与投资不足问题最严重的样本进行研究，结果显示对于投资过度与投资不足问题最严重的组别来说，存在显著差异的指标包括资产增长率、债务期限结构、现金流、企业规模、销售增长率和企业年龄。并且在均值上过度投资组别具有更高的资产增长率、债务期限结构、现金流、企业规模和销售增长率，在企业年龄上则相对较低。在新增的股权结构变量方面，结果显示此时股权集中度和国有股比例都存在显著差异，而流通股比例在 10% 的置信水平下也存在显著差异。

对投资过度与投资不足问题最严重的组别采用 SPSS13.0 进行二分类 Logistic 回归，在逐步剔除不显著的变量后，得到表 4 - 10 的二分类 Logistic 回归结果。可以看到，Logistic 回归结果与表 4 - 8 的 Logistic 回归结果在基本面上都是基本一致的，同样也是资产增长率、债务期限结构、现金流和企业年龄这四个指标具有显著影响，同时在方向上也和原来一样保持一致，说明这四个变量是影响企业投资过度与否的主要变量。

与全样本的回归结论一样，资产负债率、企业规模和销售增长率都不是显著的影响因素，这说明企业规模和销售额增长对过度投资与

表4-9 投资过度与投资不足问题最严重组别组间均值检验结果

	过度组 均值	不足组 均值	t	Sig. (2-tailed)	Mean Difference	Std. Error Difference	95% Confidence Interval of the Difference	
							Lower	Upper
资产增长率	0.328413	0.086634	-5.810740	2.45E-08	-0.241780	0.041609	-0.32383	-0.159720
Lev	0.430547	0.467472	1.605851	0.109900	0.036924	0.022994	-0.00842	0.082268
Mat	0.234129	0.098967	-5.626900	6.2E-08	-0.135160	0.024021	-0.18253	-0.087790
Cash	0.092787	0.023514	-7.560660	1.46E-12	-0.069270	0.009162	-0.08734	-0.051200
Size	21.658280	21.169130	-3.595430	0.000409	-0.489150	0.136046	-0.75743	-0.220860
Sale	0.735757	0.562933	-3.073680	0.002412	-0.172820	0.056227	-0.28370	-0.061940
Year	5.660000	7.880000	5.406826	1.84E-07	2.220000	0.410592	1.410305	3.029695
NOI	46.744790	39.748620	-3.007000	0.002987	-6.996160	2.326622	-11.5848	-2.407480
N23451	0.486297	0.581872	1.106433	0.269882	0.095576	0.086382	-0.07477	0.265922
国有股比例	0.351772	0.447581	-0.118570	0.005738	-0.004190	0.035348	-0.07391	0.065527
法人股比例	0.231073	0.212056	-0.565130	0.572624	-0.019020	0.033650	-0.08538	0.047342
流通股比例	0.365337	0.404260	1.859666	0.064416	0.038923	0.020930	-0.00235	0.080198
高管股比例	0.001376	0.002706	0.923094	0.357082	0.001330	0.001441	-0.00151	0.004172

表4-10　投资过度与投资不足问题最严重组别的 Logistic 回归结果

	(1)	(2)	(3)	(4)	(5)	(6)	(7)	(8)
Constant	-2.230640 8.683878***	-2.385800 5.850629**	-1.822320 1.254704	-2.134720 7.914215***	-1.733230 4.549119*	-2.491170 9.508390***	-2.293930 5.497149**	-2.285820 8.853274***
资产增长	2.786772 6.988108***	2.796748 7.058456***	2.801127 7.148451***	2.814284 7.151159***	2.610647 5.744247**	2.701520 6.377226***	2.786354 6.997900***	2.819343 7.074916***
Mat	3.573643 6.936325***	3.600475 6.978495***	3.600029 6.984029***	3.800742 7.393656***	3.969322 7.718143***	3.776760 7.365644***	3.587851 6.896072***	3.570770 6.934078***
Cash	37.758190 33.069820***	37.444370 31.564700***	37.295810 31.186190***	37.800370 33.004180***	40.177440 33.855990***	38.153780 33.342550***	37.887990 31.963610***	38.262650 32.856520***
Year	-0.180280 6.343477**	-0.175700 5.653449*	-0.178020 5.751337**	-0.174880 5.970645**	-0.195570 7.017214***	-0.179060 6.167337**	-0.181020 6.337814**	-0.180870 6.369415**
NO1		-1.170930 3.308970**	-0.122300 4.002646**					
NO1^2			0.001317 3.248045*					
N2345/1				-0.319530 0.898274				
国有股比例					-1.631690 3.754032*			
法人股比例						0.928375 1.143856		
流通股比例							0.150954 0.010494	
高管股比例								8.388723 0.271559
-2 Log likelihood	151.748700	151.687900	151.500600	150.847500	147.836400	150.592900	151.738100	151.485400
Cox & Snell R Square	0.466102	0.466264	0.466764	0.468502	0.476445	0.469179	0.466130	0.466805
Nagelkerke R Square	0.621470	0.621686	0.622352	0.624670	0.635259	0.625572	0.621507	0.622406

注：*** 表示显著性水平为0.01，** 表示显著性水平为0.05，* 表示显著性水平为0.1。

否都不是重要的，而资产负债率的负相关但是不显著关系，说明债务虽然起到了对投资的遏制作用，但是对过度投资的遏制还不明显，债务的治理和约束功能还有待进一步发挥。

逐渐引入股权变量之后，发现第一大股东持股比例与投资负相关，并在引入二次项后，结果显示第一大股东持股比例与投资呈 U 型曲线关系，同时国有股比例也与过度投资负相关。

第一大股东持股比例与投资负相关，这说明第一大股东持股比例会抑制企业的投资水平，尽管从结果上看，在普遍存在投资饥渴和投资过度的情况下，通过遏制投资，第一大股东持股比例会对公司价值起到正向的促进作用，但本书认为，这种遏制更多的不是因为大股东有动力和能力去监督经营活动并有效降低股东与管理层矛盾引发的代理成本，而是因为大股东的独特的利益动机或者说是股权集中导致的资金侵占动机引起的。因此，当引入二次项后，第一大股东持股比例与投资呈 U 型曲线关系，这说明大股东对投资的遏制发生在其持股比例相对较小之时，此时各种利益掠夺更为重要。而当大股东持股比例超过临界值之后，虽然各方利益日趋一致，但大股东固有的缺陷使得他容易追求企业规模和投资的最大化，这往往容易出现过度投资的情形。

国有股的负相关与预期的一致说明国有股会减少投资，这与本书一般认为的国有股缺乏监管形成内部人控制带来过度投资并不一样。对此的解释一是较高的国有股会带来较多的监督，使得管理者的机会主义行为减少；二是国有股的存在使得直接利益输送的增加，因此这种投资过度的减少并不见得是好事。

从法人股的利益看，尽管存在扩大投资获取收益的动机，但同样也有减少投资而从资金占用等角度获得利益的动机，同时，由于社会法人股的比重相对较低，这会对其投资动机产生一定的遏制。流通股比例与投资正相关是因为在现有的市场制度下，流通股股东更多的是关心市场的价格表现，对公司治理和企业的监督极为有限，其结果必然是不合理的投资大量增加，不过本书并没有通过显著性检验，这可能与企业制度的完善和其他股东的监督有关。高管持股比例和投资的相关关系同样不显著。根据前面的描述性统计，可知在高管持股的情况较少或持股比例很低的情况下，虽然持股比例的增加有利于减少代理成本、遏制投资，但是由于存在高管持股的上市公司较少，总体上这种作用难以表现出来，因此两者的相关关系并不显著。

五、小结

本章根据资产增长率、托宾 Q 值、债务期限结构、现金流、企业规模、销售增长率和企业年龄来估计投资方程，并将位于投资方程左上方，并且处于均值和中位数中相对大者之上的样本上市公司定义为过度投资者；将位于投资方程右下方，并且处于均值和中位数中相对小者之下的样本上市公司定义为投资不足者。

根据 2004~2008 年全部上市公司样本和制造业样本，分别研究了资产增长率、托宾 Q 值、债务期限结构、现金流、企业规模、销售增长率和企业年龄对投资的影响。就全样本而言，投资与资产增长率、债务期限结构、现金流和企业规模显著正相关，与资产负债率和企业年龄显著负相关。以制造业为样本时，结论仍保持一致。这也验证了回归结论的稳健性。

对制造业投资水平进行了归类统计，最后投资过度的有 527 个样本，投资不足的有 849 个样本，投资不足的样本数要多于投资过度的样本数，说明相对于投资过度，投资不足的问题可能更为严重。

投资过度与投资不足全样本的二分类 Logistic 回归表明在公司基本面因素中，是资产增长率、债务期限结构、现金流和企业年龄这四个主要因素决定了一个企业的投资是过度还是不足。而企业规模和销售额增长的作用并不大，资产负债率的负相关但是不显著关系说明债务虽然起到了对投资的遏制作用，但是对过度投资的遏制还不明显，债务的治理和约束功能还有待进一步发挥。就全样本而言，公司基本面的因素是决定一个企业的投资是过度还是不足的最基本因素，股权变量虽然可能有影响，但相对来说并不重要。

进一步考察投资过度与投资不足问题最严重组别的情况，结果显示资产增长率、债务期限结构、现金流和企业年龄这四个主要因素仍然保持稳健。同时，第一大股东持股比例与投资负相关，并且引入二次项后，第一大股东持股比例与投资呈 U 型曲线关系，同时国有股比例也与过度投资负相关。

第五章 上市公司多元化投资
因素的实证研究

20 世纪 90 年代以来，我国学者如尹义省、刘力等人开始研究中国企业的多元化，近年来不同学者就多元化经营与企业绩效关系做了许多实证研究，但由于采取的研究方法不同，得出的结果差别也较大。同时由于中西方经济环境和经济体制的不同，因而对于上市公司多元化的研究并不能简单地套用国外理论。

如今，多元化经营已经成为我国上市公司热衷的战略选择。企业实行多元化发展战略的主要目标已不在于建立共同的业务主线，而在于提高投资报酬率、增进效益、规避风险。走多元化与专业化相结合的集约型多元化道路，强化主导产业，增强目的性，克服盲目性（武艳文和朱红奋，2006）。但是有一个值得重点关注的问题是：引导上市公司作出多元化决策的原因却不尽相同，由此也造成同样的多元化战略选择带给上市公司盛衰相异的结局。可见，上市企业采取多元化投资战略的动因与企业投资的最后结果密切相关。因此，在研究多元化经营与企业绩效的关系之外，有必要对企业多元化投资的动因进行理论和实证层面的研究，因而分析上市公司多元化投资的动因就显得十分重要。

基于这种认识，作为一项开创性研究，我们以 2003～2006 年 610 家上市公司的面板数据为样本，运用回归实证模型来分析上市公司多元化投资的影响因素，并根据分析结果提出相应的对策思路。

一、多元化与企业价值

　　企业多元化经营又称多样化经营或多角化经营，是企业为了获得最大的经济效益和长期稳定经营，开发有发展潜力的产品或通过吸收、合并其他行业的企业以完善产品业务结构或丰富产品组合的一种经营模式。

　　企业多元化经营模式是否增进企业价值一直是中外学术界共同关注的问题。20 世纪 20 年代，随着美国现代企业进入成熟期，企业决策者为了更充分地利用企业现有的生产设备和管理能力，便开始有意识地开发新产品和新市场，以增强企业的竞争力，多元化开始成为一个明确的成长策略。相比西方发达国家，我国真正意义上的企业在改革开放后才逐步形成。近年来，经济的高速发展使得市场企业间的竞争日趋激烈，企业的经营者们都在积极探索如何使企业更好地生存、发展，原有的单一产品和市场显然已经无法满足企业发展的需要。企业需要新的产品来刺激成长，需要开发不同的产业以规避市场风险，提高投资报酬率，增进效益，因此，80 年代末，中国许多大中型企业纷纷实行多元化，把企业做大做强，但这一期间大多数的多元化经营并未达到预期的效果；90 年代在不少企业经过"收缩战线"、"精简业务"之后，又开始了在新行业的"试水"，多元化经营的趋势又日益明显。

　　企业多元化投资战略的成果，不仅对企业的发展至关重要，并且对行业经济的稳定和发展、市场经济的良性竞争等方面都有着重要影响。因此，企业多元化经营作为一个历久弥新的话题，引起了理论界的重视。西方许多学者对企业多元化经营进行了深入的理论研究和实证分析，希望了解企业为何选择多元化，为什么有些企业选择多元化后能取得更好的业绩，为什么有些企业非但没成功，还失去了原有优势，等等，概言之，一是多元化与企业价值的关系如何；二是企业多元化的影响因素是哪些。

对于多元化与企业价值的关系，目前尚无定论，且利弊兼有。认为多元化有利的理由主要有：提高资源配置效率，形成范围经济和规模经济；避免市场需求的不确定性，减小企业单一经营的风险；提高企业的核心竞争力；使得企业可以盘活资本存量，促进企业快速成长。认为多元化不利的理由主要有：分散企业有限的经济资源；造成跨行业的补贴；使企业成本增加，财务风险加大。目前，多元化会损害企业价值已成为主流思想，即所谓的多元化折价现象。因而，自20世纪20年代美国企业率先采用多元化经营模式以来，到80年代为止，美国企业大致经历了专业化→多元化→归核化的过程，但目前仅剩少数几家成功的多元化企业。

事实上，尽管有一些企业的多元化投资决策是成功的，企业由此走上顺利的发展道路，但也有不少企业的多元化投资决策是失败的，甚至拖累了公司的主业。中国空调业的老大春兰就是近年来多元化决策失败的一个典型案例。从1996年起，春兰集团开始推行多元化扩张战略，涉足家电、电动车、电子、海外产业及新兴产业等，主导产品包括空调器、洗衣机、除湿机、中重型卡车、摩托车、电动自行车、高能动力镍氢电池、摩托车发动机、空调压缩机等，形成一个产业繁多、产品复杂的多元化企业集团。但与产业不断扩张形成鲜明对比的则是该集团主导产品——空调销量的逐步萎缩：2006年春兰空调的销量为75万台，2007年进一步缩小至不足70万台，给公司造成严重的亏损，并因三度亏损而暂别股市，股票也因此变成*ST春兰。对于春兰的退市，很多人将此归因为多元化战略拖累。作为中国家电企业的代表，春兰的主业是空调，亏损直接原因也是空调，就企业的发展方向来说，春兰的多元化未必拖累了空调，但至少企业经营管理和决策层由于实行多元化而分散了大量精力，没有将主业做好，这是不能推卸的原因。

二、文献综述

最早研究多元化战略的是美国著名的企业战略专家安索夫（Ansoff），1957 年他在《哈佛商业评论》上发表《多元化战略》一文，首先提出了多元化战略的概念。其后，随着企业多元化经营的发展，许多学者就多元化的定义做出了不同的解释。美国学者 Gort （1962）指出多元化是企业产品的市场异质性的增加，强调所谓的市场异质性是不同于同一产品的细微差别化，它指的是跨行业的产品或服务的经营行为。Berry （1975）定义多元化是企业经营行业数的增加。Pitts 和 Hopkins （1982）用业务代替行业，将多元化定义为企业在不同业务领域同时经营的程度，从而提高了对多元化度量的主观判断。Booz、Allen 和 Hamilton （1985）强调了多元化的多维特点，认为多元化是一种企业支撑点的分散，以获得持续增长并减少总体风险的方法。管理学家 Poter 从战略发展角度强调了多元化战略在企业成长过程中的作用。我国学者尹义省 （1999）认为，多元化是指企业的产品或服务跨一个以上产业的经营方式或成长行为。综合中外学者的研究，多元化可以界定为企业的经营范围超越自身原有的经营领域而同时经营一个以上行业的经营策略或成长行为，其基本特征是在衡量企业能力、企业风险和企业利润的基础上，寻求企业能力与市场机会的最优组合。

对于企业多元化投资的理论解释主要可以分为两大类：一类是从追求企业利润，壮大企业规模的角度出发，提出对企业多元化投资原因的解释。Amit 和 Livnat（1988）指出，公司多元化投资的动机是综效动机，即以规模经济来提高企业产品的市场占有率及获利率；Rumelt（1974）提出逃离动机，认为公司所处产业前景有疑虑，成长机会不多，甚至已经迈入衰退的阶段，于是选择进入另一个新产业，追求成长机会。Montgomery（1994）对公司多元化投资因素的观点中，市场力理论和资源理论皆以公司追求利润极大化为目标，而其代理人理论中的自由现金流量假说也认为将现金流量转移是为了追求更多的投资机会；Teece（1980）认为在资源过剩时，将过剩资源投入多元化生产可以取得更大的利润；巴尼（2003）和贝赞可（1999）认为，企业选择多元化的发展战略，可以将内部聚集的闲置资金投资于前景较好的项目，随着资金实力的增加，又可以进一步加大资本经营的力度，从而寻觅更为有利的投资机会。Coase 在其开创性论文《企业的性质》中分析了企业存在的原因及企业的规模问题，打开企业这一"黑箱"来研究其性质，并对多元化进行了初步探讨，他指出成本因素是决定企业采取多元化的根本原因，从而把企业的战略行为放在交易成本的新制度经济学框架之下进行考虑，认为企业是否开展多元化经营以及多元化到哪一程度就取决于把交易纳入企业内部和外部的成本的比较，内部资源和外部市场条件都会对企业多元化经营造成影响，从企业的定义推断企业多元化的边界。Jensen（1986）提出资源优势理论，他认为企业只要有未充分利用的资源，就有超额的能力去进行多元化经营，产生规模经济。

另一类则是从分散风险的角度来认识企业多元化投资的。Amit 和 Livnat（1988）从财务动机的观点出发，认为企业多元化投资可以分散运营风险；Montgomery（1994）认为一个自利的管理者会追求公司过度扩张的理由有两个：①管理者会指导公司采取多元化战略，以增加公司对自己特殊才能的需求；②股东可以有效率地分散风险，但管理者无法将自己受雇的风险分散，以防止被解雇，因此，多元化可能不是为了追求股东的利益。胡维平（2004）认为，多元化可以带来范围经济，节约交易费用，实现财务协同，分散经营风险，追求企业成长，培植或提高核心能力，这些都成为企业采用多元化投资战略的动因。

从企业多元化投资的理论解释出发，多元化投资的实证研究主要围绕公司基本面因素、制度环境因素、行业因素、公司治理因素等方面来进行。Amihud 和 Lev（1981）对 1961~1970 年财富 500 强公司的多元化兼并案例进行了分析，研究结果表明在控制型公司中的管理者比在股东控制型公司中更频繁地采用多元化经营战略，股权分散型公司比股权集中型公司的管理者更倾向于采用多元化经营战略。Denis 和 Sarin（1997）利用 1984 年 933 家 ValueLine 公司的横截面数据研究公司多元化程度和股权结构的关系，他们的研究结果显示公司多元化程度与高管和董事会持股之间，存在显著的反比例关系。公司多元化程度与外部大股东持股比例之间，存在显著的负相关关系。Sheng－Syan Chen 和 Kim Wai Ho（2000）对 1995 年新加坡 145 个公司的实证分析得到：大公司、较小公司更容易多元化。多元化程度与外部大股东持股比例呈负相关关系，多元化与管理层持股比例无关。多元化的公司比专业化公司具有更低的公司价值，并且管理层持股较低的公司，比那些管理层持股较高的公司实施多元化所带来的损失要严重，这些结论和在管理层持股比例低的公司里，存在严重的委托代理问题的论断是一致的。Stefan 和 Markus（2005）对 159 家瑞士公司进行分析得出，公司外部股东持股比例能有效地影响多元化经营战略；公司管理者持股比例，对多元化水平和多元化价值没有影响。Sven－Olof（2000）采用 73 家瑞典大公司的数据发现，公司多元化程度不高以及股权结构对多元化影响不显著。Anderson、Bates、Bizjak 和 Lemmon（2000）则发现没有证据表明内部治理机制的失败与公司多元化经营战略相关。Hyland 和 Diltz（2002）表明，监督机制对公司多元化经营战略没有影响。Manohar、Ike 和 Kimberly（2004）发现代理理论并不能解释公司多元化经营行为，认为多元化经营的业绩以及后来对于公司制度和股权结构的改变与代理理论无关，将公司多元化经营与专业化经营的不同归因于公司发展的不同阶段。Liu Yang（2004）在控制了公司规模、营利性、过度价值和行业成长前景等变量后，治理因素对公司多元化经营战略没有显著性影响。他发现具有较弱治理水平的公司并不显著倾向于采用多元化经营战略，具有较强治理水平的综合公司并不显著倾向于采取再次专业化的行为。

在国内研究中，早期学者主要研究企业投资多元化对企业经营状况、经营绩效的影响（如刘力，1997），1997 年我国企业多元化经营的高潮和韩国大企业集团受到亚洲金融危机的冲击，促使我国理论界开始了对多元化经营战略的广泛研究。近年来，一些学者开始进一步将研究视角投入到多元化投资的决定因素方面。

易行健、杨碧云和聂子龙（2003）从股权结构决定收购兼并、管理权接管难易程度进而影响多元化经营战略的角度进行研究分析，不过他们并没有直接从股权结构的角度来研究其与多元化经营战略的关系，对股权结构与多元化经营战略之间的关系缺乏实证证据。

饶茜和唐柳（2004）发现股权集中度（第一大股东持股比例）、国家股比例和法人股比例与公司多元化经营程度呈显著性倒 U 型相关；流通股比例与公司多元化经营程度正相关；并且还发现国有控股型公司比法人控股型公司更倾向于采用多元化经营战略，法人控股型公司与不具有控股股东公司多元化经营程度并没有显著性差异。

周晓燕（2004）发现国家股、股权集中度和多元化呈显著的倒 U

型曲线关系；流通 A 股比例和公司多元化呈显著的 U 型曲线关系；法人股比例和公司多元化关系不显著。

秦拯、陈收和邹建军（2004）运用方差分析，对中国上市公司多元化程度与治理结构之间的关系进行了实证分析，得出多元化程度高的公司，平均股权集中度明显低于专业化和低度多元化经营的公司。

王化成和胡国柳（2004）对股权结构与企业投资多元化关系进行了理论与实证分析。结果表明，股权集中度，包括第一大股东持股比例与企业投资多元化水平呈显著负相关；国有股比例与企业投资多元化水平呈负相关，但相关性不显著；法人股比例与企业投资多元化水平基本无关；流通 A 股（社会公众股的替代）比例与企业投资多元化水平呈显著正相关；流通 B 股对企业投资多元化水平的影响可能是负向的。

洪君华（2005）发现经济的市场化程度提高，多元化程度会降低。当上市公司所处的核心产业的成长率降低，多元化活动会加剧。企业能力也是公司多元化的重要动因之一。而公司股权集中度，国有股比率等在一定程度上，对公司的多元化行为起到了约束的作用。公司管理层特性对公司多元化决策的影响并不显著。

宋宇和钟宏萍（2006）发现企业经营规模与多元化程度正相关，但股东权益与多元化程度负相关，企业负债程度与多元化的关系不显著。

艾健明（2006）构建了股权结构与公司多元化的回归模型，运用股权结构和公司多元化之间的皮尔逊相关系数，分析了股权结构对公司多元化战略选择的影响，特别指出了第一大股东的持股状况不同，则对公司多元化投资决策的影响也不相同。第一大股东的持股比例越高，公司的多元化程度越低。

胡国柳（2006）构建回归模型，分别就股权集中度、国有股比例、法人股比例、流通 A 股比例和流通 B 股比例与企业多元化水平的相关性做了分析。得出股权集中度限制了企业的多元化投资水平，国有股比例和流通 B 股比例对企业的多元化投资水平有不显著的负向影响，法人股比例与企业多元化投资水平基本无关，而流通 A 股比例则显著促进了企业多元化投资水平的结论。

许陈生和郭烨（2006）的实证结果表明，公司多元化水平与国有股比例和股权集中度均呈显著的负相关关系，与法人股比例呈倒 U 型关系，与流通 A 股比例及董事会持股比例均呈显著的正相关关系，但与经理持股比例关系不显著。

以上研究为理解企业的多元化投资提供了有益的启示，不过其中的结论也仍然存在很多的不一致，值得进一步研究。上述的研究更多地关注于公司治理方面，因为代理成本理论对此有较为深入的解释。但除了股权结构变量之外，公司的一些基本特质仍然应该是多元化特质最基本的因素，尤其是盈利情况。事实上，在多元化的研究当中，多元化与企业价值的关系一直是理论研究的重点，但是从多元化决定的角度，内生视角的研究可能更为重要。将多元化的绩效与投资动因联合起来进行研究，无疑将会对企业具有更大的指导意义。就多元化与企业价值的关系来说，刺激企业多元化投资决策的因素很多，一种可能的情况是只有经营状况不佳的企业才会想着搞多元化。反正经营状况已不好，风险再大也无所谓了（李宗民、张立强，2006），由此，是低价值促成了多元化的实施而非多元化导致了企业价值的损失。因此，将二者结合起来考虑将是必需的。另外，代理成本和公司治理理论固然可以对多元化的决定提供有力的解释，但这种西方的成熟理论与中国的实际有待进一步的结合，中国企业的多元化发展有着其固有的特点，并不能简单地套用国外结论。因此，深入了解中国的上市公司，并在上述研究的基础上展开进一步的研究将有助于更好地理解中国上市公司的多元化行为。

三、研究变量及模型设计

（一）上市公司多元化程度的衡量

衡量上市公司多元化程度的方法有很多种，1970 年，赖利在《分部制与多元化》一书中，提出以一个企业的某一类产品占总销售额的比重大小来测量该企业的多元化程度。1974 年，鲁迈特将赖利的"产品"改为"业务"的概念，即根据企业最大一组相关业务的销售额占企业总销售额的比重计算相关率指标来衡量多元化。Herfindahl 提出了 Herfindahl Index 衡量法，即以市场集中度（市场占有率）来计算多元化的程度。Comment 和 Jarrell（1995）及 Denis 等人（1997）使用五个指标来衡量企业投资多元化的水平，包括拥有多个经营部门的企业所占的百分比、管理者报告的部门数目、COMPUSTAT 分配给企业的 4 位数标准行业分类代码的数目、以收入为基础的 H 指数以及以资产为基础的 H 指数。Berry（1975）提出用熵指数来衡量多元化程度。Jac-quemin 和 Berry（1979）根据熵的可分解特性对该测度方法作了延伸，他们以两位码行业及该两位码行业内的四位码行业将多元化分成行业间的多元化和行业内的多元化两个部分，进一步解释了公司的多元化程度和方向。

国内研究中采用的主要衡量方法包括刘力（1997）以企业"其他业务利润/主营业务利润"和"（其他业务利润＋投资收益）/主营业务利润"这两个指标来衡量企业的多元化程度；李玲（1998）以企业主营业务利润比重（主营业务利润/利润总额之比）指标衡量上市公司

多元化经营的程度；周晓艳和王凌云（2003）以基于行业收入的 Herfindahl 指数来衡量上市公司多元化经营程度；许陈生和郭烨（2006）以熵（Entropy）来衡量多元化程度；胡国柳（2006）以企业涉足行业个数的自然对数来衡量企业的多元化程度。

　　这些方法从不同的角度对企业的多元化程度进行了衡量，但每一种方法或多或少存在一些问题。如刘力（1997）的指标，当其他利润（其他业务利润与投资收益之和）或其他业务利润一定时，主营业务利润越低，则企业多元化程度越高，但如果企业的主营业务经营不善，而导致主营业务低，会导致其指标偏高；相反，如果主营业务利润高，就会导致其指标值偏低。同时，其他业务不是企业的主营业务，发生的次数不多，金额也不是很大，因而其他业务利润的多少应与企业多元化程度没有多少关系。此外，很多企业的主营业务利润是多个经营项目的利润之和，或是多元化经营的结果。[1] 再如周晓艳和王凌云（2003）的 Herfindahl 指标无法解决多元化回归分析时可能存在的多重共线性问题。以企业涉足行业个数的自然对数来衡量企业的多元化程度则可能过于简单。因此，本书采用三种方法来衡量企业投资的多元化程度：

1. 行业数

　　以上市公司所涉足的领域数目作为多元化程度的衡量指标。根据企业主营业务收入来源的经营项目得到行业个数 N。按照研究习惯，对行业个数 N 取自然对数，得到行业个数的自然对数 $Ln(N)$，$Ln(N)$越大，说明企业多元化程度越高；相反，说明企业的投资多元化程度越低。$Ln(N)$比其他衡量企业投资多元化程度的指标更为直观，也更符合人们的思维习惯。

---

①　胡国柳：《股权结构与企业理财行为研究》，中国人民大学出版社，2006 年。

2. 赫芬达尔指数（Herfindahl Index）

Herfindahl 指数原先用来衡量产业集中化程度，后来才被应用于衡量多元化程度。用赫芬达尔指数来衡量企业的多元化水平，是指用企业所有业务部门的主营业务收入比例的平方和来衡量。其公式可以表示为：

$$H = \sum_{i=1}^{n} p_i^2$$

式中：p_i 为第 i 种部门业务占主营业务总收入的比例；n 为业务的总数。如一企业，两种业务各占 60% 和 40%，那么 $H = 0.6^2 + 0.4^2 = 0.52$。H 指数越大说明企业的经营集中化程度越高，越小说明企业的经营越分散，多元化程度越高。

3. 熵分类法（Entropy）

在信息论中，熵被定义为一种对不确定性的度量。信息量越大，不确定性就越小，熵也越小；反之，则越大。根据熵的特性，可以通过计算熵值来判断一个事件的随机性及无序程度，也可以用熵值来判断某个指标的离散程度。一般而言，指标的离散程度越大，熵值就越大；反之，熵值就越小。Jacquemin 和 Berry（1979）提出熵分类法，是一种非常好的以 SIC 指标为基础的混合指标。熵指标假设同一行业集团（2 位 SIC 相同）内的业务之间的相关性比不同行业集团内的业务之间的相关性要好，并以此为基础来判断不同业务之间的相关性。[1]

选择基于公司业务收入的熵指数来度量公司的多元化程度，公司经营涉及的行业参照我国证监会 2001 年颁布的《上市公司行业分类指引》行业代码第三位来进行划分，即划分到大类层次。熵指数的计算公式如下：

---

[1] 中国证券报社编：《2003 年上市公司速查手册》，新华出版社，2003 年。

$$EDI = \sum_{i=1}^{n} p_i \mathrm{Ln} \left(\frac{1}{p_i} \right)$$

式中：EDI 表示熵指数；p_i 表示第 i 行业的营业收入占公司总营业收入的比重；n 表示公司所涉及的行业数目。显然，$EDI > 0$，且数值越大表示公司多元化程度越高。

（二）解释变量设定与假设

1. 成长性

企业的成长性是影响其投资行为的重要因素。在经典的投资理论中，人们往往用托宾 Q 比率来衡量企业面临的投资机会。如果 Q 值高，那么企业的投资支出便会增加。如果 Q 值低，那么公司的投资支出将会降低。但是，这一理论并没有清楚地说明投资总量和投资结果的问题。一般来说，公司的主营业务利润越高，公司的成长发展状况越好，这代表企业仍可以在公司主营业务上进一步开发利润增长的潜力，而不必因为追求利润及维持公司发展的压力而作出多元化的投资决策。因此，市场评价良好的企业往往具有清晰的投资目标。而那些市场评价不好，Q 值较低的企业则往往具有模糊的投资取向，更容易进行多元化的投资。就像 Lang 和 Stulz（1994）的研究结果所表明的那样，处于成长性较低行业中的企业，或者是绩效较差的企业更容易实行多元化。因为企业与其他竞争对手相比处于劣势，但正因为如此，它们向其他行业转移的机会成本也会更低，推行多元化战略的阻碍也就小得多。本书以托宾 Q 来衡量企业的成长性，用符号 Q 来表示。Q =（总股本 × 年收盘价 + 负债）/ 总资产。

假设 1：公司成长性与公司多元化程度负相关，即公司面临的投资机会越好，公司多元化程度越低。

2. 公司规模

一般认为，多元化经营是规模较大企业的一个重要的特征。Amey

（1964）以及 Gollop 和 Monahan（1991）的实证研究表明，在制造业企业中规模与多元化之间存在着正相关关系。因为公司的规模越大，退出障碍就越高，公司经营者面临扩大公司发展空间和延续公司寿命的压力就越大，从而更倾向于采取多元化战略以缓解这种压力。同时，多元化投资需要更多的资源作为支撑，更大规模的公司将更有能力进行多元化扩张。不过，姜付秀（2007）认为上市公司的规模可能存在不同发展阶段的差异，当上市公司规模较小和规模较大时，公司的多元化程度较低，而中等规模的公司往往倾向于进行多元化经营，即公司在发展阶段可能采取多元化模式，当公司规模很大时，公司更倾向于专业化。[①] 本书采用现有文献常用的方法，对公司总资产取自然对数来衡量公司规模，用符号 Size 来表示，Size = Ln（总资产）。

假设 2a：公司规模与公司多元化程度呈正相关的关系，即公司规模越大，公司多元化程度越高。

假设 2b：公司规模与公司多元化程度存在区间关系。

3. 财务杠杆

负债经营是企业经营的一种常态，只要不超过警戒线，一般对企业不会产生不利影响。企业实施多元化经营战略，必将拉长资金需求线，导致企业走上负债经营之路，形成投资越大，债务越多的局面。也就是说，债务杠杆的提高从另一方面反映了企业的融资结果，这很有可能是为投资而进行融资的结果。但是，在债权人能够有效监督的情况下，公司的负债额越高，所实行的多元化战略就受到越多的外部债权人的制约，就像 Hart 和 Moore（1995）所分析的那样，硬债务能够约束管理层的乱花钱行为，当前债务杠杆和企业未来投资增长呈负相关关系。Denis 和 Denis（1997）、Peyer 和 Shivdasani（2001）同样

---

① 姜付秀：《我国上市公司多元化经营的决定因素研究》，《管理世界》2007 年第 9 期。

提出伴随着杠杆增加，资本支出有大幅削减的情况。因此，债务越多，多元化投资将会越少。本书以资产负债率来表示财务杠杆，用符号 Lev 来表示，Lev = 负债/总资产。

假设 3a：若负债只是反映融资结果，则公司负债额与公司多元化程度正相关，即公司资产负债率越高，公司多元化程度越高。

假设 3b：若债权人能够有效监督，则公司负债额与公司多元化程度负相关，即公司资产负债率越高，公司多元化程度越低。

4. 盈利状况

虽然企业的盈利越好，进行多元化的物质准备就越充分，但一般认为盈利状况与多元化负相关。就多元化与企业价值的关系来说，刺激企业多元化投资决策的因素很多，一种可能的情况是只有经营状况不佳的企业才会倾向于搞多元化。反正经营状况已不好，风险再大也无所谓了（李宗民、张立强，2006）。而那些经营状况良好的企业，没有太大的压力去开展新业务以提高盈利，多元化的动力也因此不足。由此，更多的人趋向于认为是低价值促成了多元化的实施而非多元化导致了企业价值的损失。本书以资产收益率来表示企业的盈利状况，用符号 ROA 来表示，ROA = 净利润/总资产。

假设 4：企业盈利状况与公司多元化程度负相关，即公司资产收益率越高，公司多元化程度越低。

5. 投资

企业的投资有很多种类型，如实物投资、金融投资、研发支出等，基于数据来源的考虑，同时，考虑到实物投资是企业最重要的投资行为，本书所述投资仅指实物投资，并从增量视角进行考察，即着重考虑企业的投资增量情况是否会影响多元化决策。从决策的角度考虑，基于代理成本的分析，可以认为当发生委托代理问题，出现管理者机会主义行为时，企业往往容易过度投资，并可能出现多元化的投资倾向。但从融资的角度考虑，投资增加时企业的融资压力增大，反而不容易出现多领域的投资，因而会出现增量投资对投资多元化的制约。本书定义：投资（Invest）＝固定资产原价、在建工程和长期投资三项的增加值之和/期初总资产。

假设 5a：投资水平与公司多元化程度正相关，即因为代理问题导致的投资越大，公司多元化程度越高。

假设 5b：投资水平与公司多元化程度负相关，因为增量投资可以制约过度的投资领域选择。

6. 公司自由现金流量

公司自由现金流量，又称实体自由现金流量，是指扣除了为满足生产经营和增长的需要所必需的、受约束的支出后，公司可以自由支配的现金，这里"自由"是一个剩余的概念，简称"自由现金流"。Jensen（1986）提出的自由现金流假说，指出当信息不对称存在时，由于股东与经理人利益分配机制未必充分有效，从而在他们之间产生委托代理问题。根据 Jensen（1986）的代理成本理论，可以对企业的并购和多元化行为进行解释，即自由现金流的值越大，公司经营者越有可能利用多余现金去从事一些净现值为负的项目，因为将自由现金流返还给股东将会降低管理层控制的资源，从而减少了他们的私有利益。而多元化投资与过度投资一样，都可以增加经理人的在职消费、做大公司规模甚至可以提高经理人的个人声誉。本书用公司第 t 年度经营活动产生的现金流量净额减去第 t 年度购建固定资产、无形资产和其他长期资产所支付的现金来度量公司自由现金流量，用符号 CFC 来表示，CFC ＝自由现金/总资产。

假设 6：公司自由现金流量与公司多元化程度呈正相关的关系，即公司自由现金流量越大，公司多元化程度越高。

7. 企业年龄

控制公司年龄是由于公司多元化水平与企业生命周期有关，在一个激烈的市场竞争中，企业的生命周期都不会很长，企业年龄越大，面临的产品更新、周期调整的压力也就越多，因此也越容易进行多元化的投资。本书以上市公司的上市年份距离样本期的长短来表示公司年龄的大小，用符号 Year 来表示。

假设7：企业年龄与公司多元化程度正相关，上市越久的企业，公司多元化程度越高。

8. 股权集中度

一般而言，在股权集中度低的上市公司，单个股东的股份比例较低，他们往往没有足够的能力监控经理人员，此时公司的控制权大多数掌握在经理层的手中，形成内部人控制。由于外部股东对经理层约束机制的弱化，致使经理层更容易实施对其自身有利的多元化经营战略。当股权集中度逐渐提高时，大股东有能力也有动力去监督经理层，控股股东监管的积极性和提升公司价值的积极性提高，从而避免了"搭便车"的问题，在一定程度上减少了代理成本。此时，迫于大股东的压力，经理层将更可能追求股东价值最大化的经营，从而降低公司多元化程度。但是，过高的集中度又会使大股东的行为难以受到其他股东的制约，使大股东可能会做出有利于自身利益而不利于上市公司的行为，并可能导致对中小股东利益的侵害。胡国柳（2004）的研究就发现中国上市公司大股东扮演着对外部少数股东实施侵占的角色。不过，大股东对外部股东实施侵占的方式不同，会对投资多元化产生截然不同的影响，如果大股东与管理者共谋通过多元化投资来谋取大股东的私人利益，将对投资多元化产生正面影响；反之，外部大股东通过关联交易、转移资金等其他"隧道行为"获取私人利益，将对投资多元化产生负面影响。因此，股权集中度应该存在一个适度的问题，要想在最大限度上降低委托—代理关系下的效率损失，就必须适度安排股权集中度。本书以第一大股东持股比例来表示股权集中度，用符号No1 来表示。本书认为，当大股东的控股权较低时，其趋向于采用关联交易、转移资金等其他"隧道行为"获取私人利益；而当大股东控股比例较高时，其与上市公司的利益已经基本一致，则将更趋向于通过多元化去扩大自己的领域和谋求收益。因此，本书假设：

假设8：股权集中度与公司多元化水平呈正 U 型关系。

9. 股权制衡度

理想的股权结构需要多个大股东的同时存在，大股东之间的相互监督可以控制私人收益。宋敏、张俊喜和李春涛（2004）对中国上市公司的研究表明，非控股股东对控股股东和管理层仍有显著的监督和制衡作用，在这个过程中，股权结构的约束作用体现得非常明显，控股股东和其他股东的比例越接近，对控股股东的约束性就越强，控股股东行为就越与其他股东和公司整体利益趋于一致。多元化程度作为控股股东掠夺利益的一种表现形式，与直接的利益输送相比很显然要温和许多，在多个股权存在的情况下也更容易被通过。因此可以预期，当控股股东控制权越大时，股东之间的股权制衡程度也较低，其对中小股东的掠夺越容易，就越不情愿通过多元化的形式来进行掠夺；相反，当控股股东控制权较小时，由于股东之间的股权制衡程度较大，对于中小股东的掠夺就越不容易，此时，通过多元化形式的利益掠夺动机就会增强。因此，可以预期多元化程度同股权制衡呈正向关系。本书以除第一大股东之外的前四大股东的持股比例和与第一大股东的持股比例的比值来表示股权制衡，用符号 NO2345/1 来表示，该比值越大，说明股权制衡越大。

假设9：股权制衡与公司多元化程度正相关。

10. 国有股比例

一般认为，国有股（包括国家股和国有法人股）由于产权主体缺位，其产权代理人包括各级政府官员及其代理人投入的对经理人员的监督努力不能与他们获得的监督收益相匹配，从而缺乏对经理人员进行有效监督的动机，进而容易导致内部人控制现象，这也是一般所分析的国有股权的高代理成本，因此，国有股比例应与企业投资多元化水平正相关。

不过，这种情况往往发生在国有股比例较低的情况下，随着国有控股权的增加，控股股东与公司的利益联结越来越紧密，国有股比例高的上市公司一般规模较大，而且处于关乎国家经济命脉的行业，如钢铁、石化，作为关系国计民生的大型国企，这些公司承担了更多的对社会和公众的责任，也被更多的民众和有关政府部门所关注，国有股东不得不重视对公司经营的监管，因此这些公司尽管国有股比例高，但代理成本反而有可能会因为更加严厉的监管而降低，这在一定程度上会削弱控股股东的利益攫取欲望，国有股产权代表所具有的特殊地位也使之完全有能力来限制公司的经营范围。另外，在国有股占多数的上市公司，经理人员通常由政府相关部门派人担任，这也有可能使得公司管理者与国有大股东的利益是一致的（张翼等，2005）。因而，本书认为国有股权与公司多元化程度可能出现负相关。

假设10：国有股比例与公司多元化程度负相关，即公司国家股比例越高，公司多元化程度就越低。

11. 法人股比例

相对于国有股股东，法人股的产权主体更加明确和具体，因此，一般的研究倾向于法人股在公司治理中起正向作用——积极监管。公司法人股比例越高，法人股股东出于追求自身利益最大化，越可能会强化对公司经理人员的监督，经理人员以其他股东的利益为代价通过提高企业多元化水平以谋取私人利益的能力就越低，公司的多元化水平就会越低。不过，倪桂平和张晖（2005）认为，考虑到我国上市管理层持股并不广泛，法人股比例可以近似地看作内部人持股比例。作为一个发展中国家，企业发展都在初级阶段，市场发育晚，商机较多，大多数企业之间的竞争主要集中在抢占更多的市场占有率，企业较易在利润率稍有减少的情况下，倾向于寻求另外的发展空间，企业实行多元化的成本比较低，企业也比较不容易集中在一个领域中长期发展，这是市场发育初期企业发展的普遍现象。因此，在法人股和社会大股东占有多数股份的公司更倾向于实行多元化的战略。因此，基于两者不同的假设基础，本书提出：

假设11a：若法人股东有效监管，则法人股比例与多元化程度负相关。

假设11b：若法人股东无法有效监管，同时有具有较强的扩张冲动，则法人股比例与多元化程度正相关。

12. 高管持股

在所有权与经营权分离的现代公司中，通常由经理出决策，而由股东承担这些决策对其财富产生的后果，这样就产生了经理与股东利益冲突的可能性。因此，当经理拥有公司股权中的更大比例时，其利益与外部股东就更为一致，他们在制定公司经营战略决策时会反复斟酌、权衡利弊，使自身利益最大化的同时也使股东财富最大化，从而减少公司投资的多元化程度。而且，由于管理者本身亦有自身的管理专长，一般不会贸然进入不熟悉的领域。事实上，Denis 和 Sarin（1997）发现在管理层持股比例低于1%的公司中，有79%的公司从事多种业务；而管理层持股比例超过25%的公司中，相应的比例仅为39%。而 Sheng－Syan Chen 和 Kim Wai Ho（2000）对1995年新加坡145个公司的实证分析虽然发现多元化与管理层持股比例无关，但管理层持股较低的公司，比那些管理层持股较高的公司实施多元化所带来的损失要严重，这些结论和在管理层持股比例低的公司里，存在严重的委托代理问题的论断是一致的。因此，本书假设：

假设12：高管持股比例与公司多元化呈负相关。

四、描述性统计研究

本书考察2004～2008年的上市公司数据。样本选取的基本标准如下：该企业在2003年已经上市，样本期间内不存在行业变动，所有指标原始数据可以获得。以在沪、深两地上市并仅发行A股的非金融类上市公司作为研究样本，剔除数据不全或异常、含有外资法人股、含有发行B股或H股以及2004～2008年曾经PT公司或ST公司，最后的样本实际为610家，其中沪市350家，深市260家（研究数据全部取自Wind资讯金融终端2008版数据库和国泰君安数据库）。从数据结构上看，本书的实证分析基础是610家上市公司4年的截面和时间序列混合的数据库（Panel Data）样本，整体上为平行面板数据。考虑时间因素，未采用固定效应和随机效应模型，而采用面板数据当中的混合回归，并通过SPSS12.0软件进行数据处理和实证分析。

（一）上市公司多元化投资的描述性研究

首先对样本进行描述性统计，统计结果如表5-1所示。从表5-1可以发现，上市公司涉及的行业个数的平均值为2.830738，中位数为3，总体上上市公司会涉足3个行业的投资，而从彼此之间的差异看，最少的仅有1个行业，而最多的多达11个行业，样本的标准差达到了1.651356，说明不同的上市公司之间多元化的程度存在着一定的差异。

表5-1 上市公司多元化投资的描述性统计

	N	H	Edi
Mean	2.830738	0.717480	0.502541
Median	3.000000	0.733300	0.474750
Std. Deviation	1.651356	0.246437	0.444164
Skewness	1.093477	-0.233540	0.501298
Kurtosis	1.394760	-1.356970	-0.680330
Minimum	1.000000	0.139000	0.000000
Maximum	11.000000	1.244000	2.022100

从 Herfindahl 指数看,其均值和中位数比较接近,均在0.7左右。H 指数越大说明企业的经营集中化程度越高,越小说明企业的经营越分散,多元化程度越高。从这里的均值看,总体上上市公司的多元化程度相对并不是很高,这与行业个数的统计结论也比较一致。

熵指数显示的结果也基本相同,其均值和中位数都在0.5左右,差距很小,说明指标的离散程度并不是很大。

为了考察这三种不同方法对上市公司多元化程度衡量的差异,对这三个指标进行了相关性检验,考虑到回归的需要,对行业个数取自然对数,用 Ln(N) 表示,相关性检验的结果如表5-2所示,N 与 Ln(N) 的相关系数达到了0.947,并且在0.01的置信水平下显著。Herfindahl 指数和熵指数显著的负相关,这与前面的分析中提到的 H 指数越小说明多元化程度越高,熵指数越大表示公司多元化程度越高的理论是相符合的。从系数上看,相关系数达到了 -0.978,这说明用 Herfindahl 指数和熵指数来衡量多元化程度在这里并没有多少区别。这也与潘一峰(2004)的研究中熵指数和赫芬达尔指数相关指数高达

0.988 相一致。[①] 同时，行业个数 N 和 Ln（N）与熵指数和赫芬达尔指数之间的相关系数也超过了 0.7，但彼此之间也还存在一定的差异，这说明用多种方法来衡量多元化是恰当的。

表5-2　多元化程度衡量指标的相关性检验

	N	H	Edi	Ln（N）
N	1 0.000			
H	-0.714 0.000	1 0.000		
EDI	0.801 0.000	-0.978 0.000	1 0.000	
LNN	0.947 0.000	-0.768 0.000	0.824 0.000	1 0.000

进一步考察多元化上市公司的涉足行业分布情况，从图 5-1 和图 5-2 的分布情况看，只涉及一个行业的上市公司样本达到了 590 个，占比为 24.18%；涉足两个行业的上市公司样本达到了 596 个，占比为 24.43%，略多于只涉及一个行业的上市公司；涉足三个行业的上市公司样本达到了 550 个，占比为 22.54%，略少于前两种情况；这三者累计达到了全样本的 71.15%，此后，随着涉足行业的增加，样本数开始迅速减少，从涉足 6 个行业的样本开始，样本数低于 100，并且迅速下降，在涉足行业最多的 9、10、11 三种情况中，样本数分别只有 14、2 和 1。因此，可以认为上市公司的多元化一般主要集中在 6 个以下的行业。

---

①　潘一峰：《沪市上市公司多元化经营战略与企业绩效关系之实证研究》，浙江大学论文，2004 年。

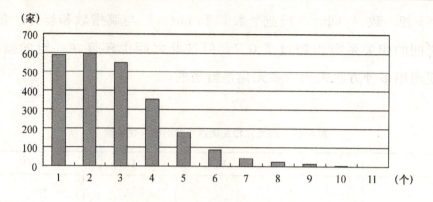

图 5-1　涉足不同行业公司个数

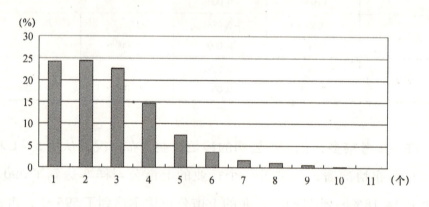

图 5-2　涉足不同行业公司占比

　　为进一步研究不同行业上市公司多元化程度之间的差异，本书以最直观的 N 指标为基础，统计了不同行业上市公司的多元化程度以及不同年份的表现，并根据表 5-3 的数据绘制了图 5-3。从行业看，不同的行业之间多元化程度存在着非常明显的区别：综合类和农业类的上市公司的多元化程度是比较高的，其次是传播与文化产业、社会服务业。多元化程度比较低的行业主要是电力煤气水生产供应业和采掘业，这两个行业应该属于自然垄断的管制行业。此外，制造业和房地产行业的多元化程度也比较低。虽然这种统计没有明显说明其中的原因，但值得注意的是，管制行业的多元化程度很低，因为它们的利润来源有比较稳定的基础；而农业作为一个弱质产业，全行业的盈利普遍是较差的，因此农业类上市公司的多元化问题比较突出，这也是有些专门的文献来研究农业上市公司的多元化问题的原因。

表 5-3　不同行业上市公司多元化情况统计

行业名称	公司数（个）	2003 年	2004 年	2005 年	2006 年	2003~2006 年
农林牧渔业	11	3.73	3.45	3.82	3.91	3.73
采掘业	9	2.33	2.22	2.44	2.44	2.36
制造业	314	2.46	2.58	2.56	2.54	2.54
电力煤气水生产供应	35	1.97	2.34	2.49	2.51	2.33
建筑业	12	2.83	3.17	3.08	3.00	3.02
交通运输仓储	25	3.04	3.00	3.00	3.00	3.01
信息技术	29	2.93	3.03	3.07	3.07	3.03
批发零售	65	3.06	3.20	3.25	3.25	3.19
房地产	33	2.55	2.61	2.58	2.76	2.63
社会服务业	27	3.56	3.48	3.70	3.37	3.53
传播与文化产业	6	3.33	3.50	4.00	3.67	3.63
综合类	44	3.95	4.25	4.07	3.82	4.02
全部	610	2.74	2.86	2.88	2.84	2.83

从时间上看，不同行业上市公司在不同年份多元化程度的变化相对不大，对其在所有行业中多元化程度排位的影响较少。在本书的统计中没有反映出多元化的周期性变化，这或许是因为统计时间较短的缘故。

（二）控制变量与解释变量的描述性分析

本书以公司基本面因素作为控制变量，以股权结果因素作为解释变量。对各变量进行描述性统计，得到表 5-4 的描述性统计结果。

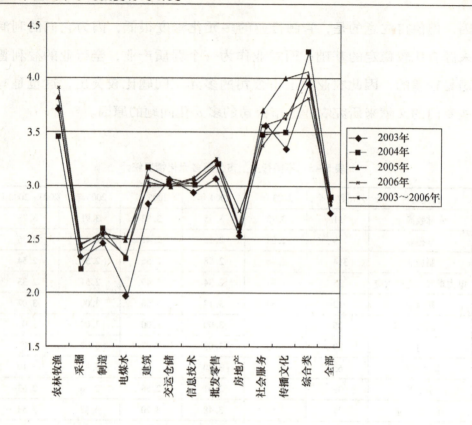

图5-3 各行业多元化程度

从表5-4的结果看，所有上市公司总资产的自然对数指标的均值和中位数都非常接近，约为21.4，其标准差在解释变量中相对较大，说明样本公司的规模之间存在相对较大的差异。资产负债率的平均数为0.486319，中位数略高，为0.504199，负债近上市公司资产价值的一半，与其他非上市企业相比，上市公司的这一资产负债率相对较低。从新增投资看，部分上市公司的投资存在负增长，这是由于资产减值所致，最高的新增固定资产投资超过了20%，样本均值要明显高于中位数，总体上新增投资介于5%~9%。托宾Q的均值为1.607447，并不是很高，而且分布具有很大的差异，最高的达到了9.869089，而最低的仅为0.732497，低于1，说明这些上市公司的市场价值低于其重置成本，这应该归因于 2001 年以来资本市场的不景气。资产收益率的均值为 0.029104，和中位数也比较接近，说明企业的盈利并不高，并且资产收益率的标准差在控制变量中也是最少的，说明这些上市公司的盈利之间的差距相对较小。自由现金流无论是均值还是中位数都大于 0，说明上市公司存在自由现金，这也为上市公司管理者的机会主义行为提供了可能的便利。同时，部分上市公司的自由现金为负数，说明这些上市公司的现金流是比较紧张的。样本上市公司最短的上市 1 年，最长的上市期限达到了 16 年，平均上市期限超过了 7 年。

表 5-4 控制变量与解释变量的描述性统计结果

	Mean	Median	Minimum	Maximum	Std. Deviation
Size	21.486680	21.410090	18.496560	27.111070	0.973285
LEV	0.486319	0.504199	0.008143	5.493646	0.200802
Invest	0.090192	0.052383	-0.602080	4.609593	0.211018
Q	1.607447	1.398802	0.732497	9.869089	0.770214
ROA	0.029104	0.025645	-0.433280	0.245832	0.044971
FCF	0.010647	0.013994	-1.057880	1.183796	0.108315
Year	7.445082	7.000000	1.000000	16.000000	3.076491
NO1	41.083540	39.215000	5.180000	85.000000	17.057580
N2345/1	0.531201	0.315277	0.002982	3.464567	0.571843
国有股比例	0.338533	0.363666	0	0.849984	0.252271
法人股比例	0.217723	0.120397	0	0.879473	0.234529
流通股比例	0.411267	0.397802	0.025723	1.000000	0.150518
高管股比例	0.007784	0	0	1.224186	0.044392

从股权结构变量看，第一大股东持股的比例是比较高的，股权集中度较为明显，最高的达到了 85%，第一大股东平均持股比例达到了总股本的 40% 左右，这也是我国证券市场的一个典型特征。在股权制衡度指标上，第一大股东的持股数达到了第二大、第三大、第四大、第五大股东持股数之和的一半，不过这是从均值角度看的，从中位数

·127·

看，这一比例只有30%左右，说明这两者还是存在较大的差异。在不同性质的股权上，国有股占了将近1/3，法人股则占有20%左右，流通股的比例超过了40%，成为最大性质的股权，这应该归因于2005年开始的股权分置改革。高管持股比例的均值仅为0.007784%，中位数为0，上市公司高管人员持股比例总和普遍较低。

在对上市公司多元化投资因素作回归分析之前，需要先对回归方程各变量之间的相关性进行分析，因为如果回归方程各变量之间的相关性较大的话，会对回归分析结果产生扭曲。因此，根据建模需要，首先对作为控制变量的公司基本面变量之间的相关性进行了检验，检验结果如表5－5所示。从表5－5的结果看，最高的相关系数发生在资产负债率与资产收益率之间，但也仅为－0.288，虽然显著，但是相关系数并不高，因此相关性检验结果可以初步排除控制变量之间可能存在的多重共线性问题。

表5－5　控制变量的相关性检验

	Size	LEV	Q	ROA	FCF	Invest
Size	1 0.000					
LEV	0.192 0.000	1 0.000				
Q	－0.273 0.000	－0.126 0.000	1 0.000			
ROA	0.194 0.000	－0.288 0.000	0.280 0.000	1 0.000		
FCF	0.023 0.262	0.096 0.000	0.017 0.407	0.088 0.000	1 0.000	
Invest	0.244 0.000	0.070 0.000	－0.042 0.037	0.130 0.000	0.169 0.000	1 0.000
Year	－0.008 0.706	0.094 0.000	0.042 0.036	－0.099 0.000	0.027 0.188	－0.123 0.000

五、公司基本面因素与多元化投资的实证研究

（一）多元化投资的控制变量回归

首先研究多元化投资与公司基本面之间的关系。为了考虑行业因素的影响，设立行业虚拟变量。因此，回归模型可以表示为：

$$LnN_{it} = C + \beta_1 Size_{it} + \beta_2 LEV_{it} + \beta_3 Invest_{it} + \beta_4 Q_{it} + \beta_5 ROA_{it} + \beta_6 Year_{it} +$$
$$\beta_7 FCF_{it} + \beta_k H_j + \varepsilon \qquad\qquad (5-1)$$

$$H_{it} = C + \beta_1 Size_{it} + \beta_2 LEV_{it} + \beta_3 Invest_{it} + \beta_4 Q_{it} + \beta_5 ROA_{it} + \beta_6 Year_{it} +$$
$$\beta_7 FCF_{it} + \beta_k H_j + \varepsilon \qquad\qquad (5-2)$$

$$EDI_{it} = C + \beta_1 Size_{it} + \beta_2 LEV_{it} + \beta_3 Invest_{it} + \beta_4 Q_{it} + \beta_5 ROA_{it} + \beta_6 Year_{it} +$$
$$\beta_7 FCF_{it} + \beta_k H_j + \varepsilon \qquad\qquad (5-3)$$

式中：H_j 代表各行业虚拟变量；ε 表示残差。

首先进行指标全部进入的多元回归，然后逐步剔除不显著的各变量，得到最后的回归结果。表 5-6 显示了模型（5-1）、模型（5-2）和模型（5-3）的两种回归结果。

表 5-6　公司基本面因素与多元化投资的多元回归

	Ln（N）		H		EDI	
（Constant）	0.921631	0.824367	0.340607	0.394186	0.920748	0.805269
	3.06491 ***	16.36221 ***	2.75842 ***	3.61674 ***	4.14068 ***	4.10972 ***
H_a	0.216752	0.219347	-0.152390	-0.155250	0.292995	0.298437
	2.434045 **	2.468297 **	-4.23526 ***	-4.31843 ***	4.53644 ***	4.62208 ***
H_b	-0.191610	-0.195970				
	-1.920660 **	-1.982040 **				

续表

	Ln（N）		H		EDI	
H_c	-0.217270	-0.216660				
	-7.40973***	-7.39681***				
H_d	-0.303970	-0.304080	0.046325	0.050916	-0.074030	-0.086440
	-5.54803***	-5.59960***	2.193762**	2.44324**	-1.94695*	-2.304890**
H_e			-0.087010	-0.090640	0.151754	0.160746
			-2.50976**	-2.62364***	2.438584**	2.590217**
H_f					0.142158	0.133162
					3.22438***	3.03759***
H_g			-0.078290	-0.076360	0.163706	0.158967
			-3.40238***	-3.33037***	3.95936***	3.85843***
H_j	-0.252570	-0.251660				
	-4.53904***	-4.54698***				
H_k	0.151150	0.150469	-0.142290	-0.140200	0.284261	0.279068
	2.528637**	2.519216**	-6.09199***	-6.00970***	6.77170***	6.65483***
H_l			-0.148600	-0.135830	0.308034	0.280689
			-3.02855***	-2.80364***	3.49686***	3.22703***
H_m	0.279655	0.280718	-0.188850	-0.189420	0.3704450	0.371909
	5.65418***	5.68237***	-9.992110***	-10.03280***	10.910320***	10.95733***
Size	-0.003960		0.019534	0.017532	-0.024160	-0.019260
	-0.283680		3.40014***	3.45102***	-2.330670**	-2.106090**
LEV	0.206953	0.203807	-0.014910		0.052055	
	3.26896***	3.35869***	-0.567560		1.099526	
Invest	-0.146200	-0.146620	0.035163		-0.078020	
	-2.51691**	-2.60248***	1.459991		-1.80574*	
Q	-0.010850		0.010428		-0.020530	
	-0.639050		1.460082		-1.599770	
ROA	-0.793140	-0.871940	0.327825	0.426816	-0.595030	-0.820060
	-2.59746***	-3.21324***	2.585374**	3.90045***	-2.61576***	-4.16382***
Year	0.013612	0.013385	-0.005120	-0.005300	0.009777	0.010279
	3.45791***	3.42034***	-3.17735***	-3.33515***	3.37848***	3.60217***
FCF	0.001300		-0.012640		0.033595	
	0.011938		-0.279790		0.414374	
R^2	0.110983	0.110832	0.093733	0.092078	0.102616	0.100148
$Adj-R^2$	0.105850	0.106803	0.088501	0.088340	0.097063	0.096071
F	21.623670	27.512860	17.915190	24.634100	18.479000	24.565480
D-W	2.019524	2.017884	2.012216	2.006063	2.017871	2.010026

注：***表示显著性水平为0.01，**表示显著性水平为0.05，*表示显著性水平为0.1。

以 LnN 为因变量，企业规模、投资规模、成长性、资产收益率与投资多元化负相关，资产负债率、企业年龄和自由现金流与投资多元化正相关。但企业规模、成长性和自由现金流并不显著，逐步剔除不显著变量之后，投资规模和资产收益率仍然与投资多元化负相关，资产负债率和企业年龄仍然与投资多元化正相关。

从方向上看，投资规模与投资多元化负相关，这说明企业的投资规模会减少企业的投资领域，这是因为企业具有明确的投资方向和重点。另外，投资规模的扩大也减少了企业的自由现金流，制约了管理者机会主义行为带来的多元化投资，形成对投资多元化的一种制约。企业盈利与投资多元化负相关，印证了收益不好的企业被迫去进行多元化投资以寻求摆脱困境的机会，而盈利好的企业往往更聚焦于做好现有的项目而不是盲目去寻求新的投资领域。

资产负债率与投资多元化正相关，债务并没有减少企业投资领域的增加，或者说没有对多元化投资起到制约作用。从债务治理的角度来说，这意味着债务没有发挥对企业投资的制约功能。但考虑到中国债权结构的特殊性，债务治理功能的低效是可以接受的。从另一个角度来说，当企业进行多元化投资时，往往会进行外部融资，从而易带来债务的增加，由于本书所指的指标是指当期债务，所以出现债务与投资多元化正相关的结论，这与范从来（2007）对债务与投资规模的实证研究结论相一致。

企业年龄与投资多元化正相关，说明随着企业上市时间的增长，企业面临着较大的发展压力，增加业务领域成为企业继续发展不可避免的问题，这与企业的生命周期理论是一致的。尽管关于企业生命周期划分的方式多样，但基本思路是相近的。根据企业成长理论，一般可以将一个企业的成长历程划分为五个发展阶段，即种子阶段、创建阶段、成长阶段、成熟阶段和衰退消亡阶段。上市公司一般是比较成熟的企业，基本处于成长和成熟阶段，在激烈的市场竞争中，很多上市公司面临着结构调整、产品转型和创新的压力，本书样本中的上市公司平均上市期限达到了 7 年，这些企业进行多元化投资的需求是比较大的，而上市时间更长的企业则更有可能在较多的领域进行了投资。

从行业虚拟变量上看，H_a、H_k 和 H_m 与投资多元化正相关。H_b、H_b、H_d 和 H_j 与投资多元化负相关，说明行业之间的差异较大，这与本书前面的描述性统计结论是一致的，同时也说明了产业面临的生命周期可能会显著地影响其投资选择。

分别以 H 和 EDI 为因变量，行业虚拟变量的影响略有差异，在解释变量上，最后显著的变量都是企业规模、资产收益率、企业年龄。在具体的方向上，企业规模、资产收益率、企业年龄对 H 和 EDI 的影响恰好相反，这与本书前面分析的这两个指标对多元化的描述恰好相反是一致的。在这里，与前面不同的是新增加了企业规模，从方向上看，企业规模与多元化负相关，说明大规模的企业并不像一般所想象的那样去进行多种投资，反而是一些小规模的企业，由于面临较大的压力而进行了较多领域的投资。这从另一方面说明了大企业与小企业的区别，进而说明了专业化的必要。当然，如果从稳健性的角度看，资产收益率和企业年龄的作用是最稳健的。

（二）多元化投资的区间效应研究

为了进一步考察企业多元化的影响因素是否存在不同的区间效应，本书分别以托宾 Q 值和资产收益率为标准，考察不同的成长性和盈利区间影响企业多元化的因素是否有所差异。由于 Herfindahl 指数和熵指数的相关系数很高，这里采用具有相同指示方向的 Ln(N) 和熵指数来作为因变量。具体的回归结果如表 5 -7 和表 5 -8 所示。

表 5 - 7　不同成长性下的多元化投资回归

	Ln（N）		EDI	
	高 Q 组	低 Q 组	高 Q 组	低 Q 组
（Constant）	-0.398840 -0.932220	2.047077 5.01477 ***	0.374307 9.39502 ***	1.616704 5.44539 ***
H_a		0.482249 5.16187 ***		0.334620 4.87816 ***
H_b	-0.194960 -1.692320 *			
H_d	-0.285540 -3.39358 ***		-0.19768 -3.0708 ***	
H_e		0.273972 2.87032 ***		0.152368 2.186931 **
H_f	0.489743 5.75936 ***		0.301459 4.64071 ***	
H_g		0.345435 4.18858 ***	0.108679 1.955299 *	0.241156 3.98562 ***
H_h	0.148901 2.267195 **	0.238435 5.12731 ***		
H_k	0.265653 3.34596 ***	0.451463 5.84127 ***	0.242134 3.94352 ***	0.323754 5.71217 ***
H_l	0.270639 2.155131 *	0.697917 2.71278 ***	0.236420 2.433543 **	0.419230 2.214096 **
H_m	0.461461 6.44025 ***	0.533146 9.32812 ***	0.366162 6.63101 ***	0.394064 9.47139 ***
Size	0.046772 2.272321 **	-0.053090 -2.99818 ***		-0.046430 -3.69404 ***
LEV	0.192429 2.450994 **	0.303984 3.25156 ***		
Invest		-0.119370 -1.670830 *		-0.090880 -1.72830 ***
Q		-0.230530 -3.03425 ***		-0.133290 -2.383340 **
ROA	-1.262500 -3.36312 ***		-1.138210 -4.285540 ***	
Year	0.022891 3.94368 ***		0.016558 3.76250 ***	
R^2	0.165372	0.115826	0.139076	0.100808
Adj - R^2	0.154377	0.109674	0.130857	0.095696
F	15.040560	18.828140	16.921640	19.718890
D - W	1.829880	1.993905	1.957172	2.026995

注：＊＊＊表示显著性水平为 0.01，＊＊表示显著性水平为 0.05，＊表示显著性水平为 0.1。

表5-8 不同盈利能力下的多元化投资回归

	Ln（N）		EDI	
	高ROA组	低ROA组	高ROA组	低ROA组
（Constant）	0.943508 15.24471***	0.805810 11.00275***	0.438984 10.79661***	0.408849 12.15745***
H_a		0.210774 1.987145**	0.244198 2.125917**	0.305302 3.92805***
H_b		-0.991370 -2.525070**		
H_c	-0.197430 -5.01982***	-0.229030 -5.93167***		
H_d	-0.460810 -6.20465***	-0.187900 -2.505290**	-0.133130 -2.547720**	
H_e				0.147533 2.125894**
H_f			0.143249 2.621909**	0.149628 2.018072**
H_g			0.200492 3.03898***	0.137331 2.625715**
H_j	-0.281460 -3.50224***	-0.222990 -3.03094***		
H_k		0.262937 3.14318***	0.210143 3.57432***	0.333257 5.58512***
H_l			0.304210 2.92068***	
H_m	0.299485 3.287629***	0.252391 4.32321***	0.403383 6.18754***	0.359164 9.17957***
LEV		0.260467 2.83356***		
Q				0.047848 2.171074**
ROA	-2.620740 -4.60705***		-2.078110 -4.89632***	
Year	0.019228 3.47162***	0.012302 2.265872**	0.013183 3.27744***	
R^2	0.098536	0.111926	0.103210	0.089427
$Adj-R^2$	0.093632	0.105871	0.095873	0.084606
F	20.094130	18.484790	14.066400	18.547640
D-W	2.032063	2.031555	2.013566	2.006065

注：＊＊＊表示显著性水平为0.01，＊＊表示显著性水平为0.05，＊表示显著性水平为0.1。

首先分析以 Ln(N) 为因变量的情况。从成长性角度看，当企业的成长性较高时，影响其投资多元化的主要因素在于企业规模、资产负债率、盈利和企业年龄。而当企业的成长性较低时，影响其投资多元化的主要因素在于企业规模、资产负债率、投资和成长性。

从指标的方向上看，企业规模的影响发生了显著的变化，当企业的成长性较高时，企业规模与多元化正相关；但是当成长性较低时，企业规模与多元化负相关。这说明当企业面临较多的投资机会时，企业的规模可能会成为助长企业进行多元化投资的推动力。而对那些缺乏投资机会的企业来说，企业规模却恰恰成为理性投资的一种帮助，因为它会制约企业的多元化投资。当然，也正是这种区间效应，使得在前面的回归中没有发现企业规模对多元化投资的显著影响。

资产负债率指标对不同成长性的企业的影响都是一样的，具有稳定性。不过低成长性组别资产负债率的系数会更大一些，说明企业对债务的依赖更大。虽然前面的分析表明，投资会制约企业的多元化投资，但这种制约在低成长性组别是显著的，而在高成长性组别并不显著。

从理论上说，投资的制约来源于两种可能的渠道，一是减少自由现金流，二是增加外部融资的困难。在企业的自由现金流总体并不富裕的情况下，投资带来的融资压力应该是主要的，对那些投资机会不好的企业来说，这种压力会更大。

从托宾 Q 指标看，当大家的投资机会都比较好时，托宾 Q 对投资并没有显著影响。但当大家的投资机会都不是很好时，托宾 Q 开始对企业的投资产生显著影响，且投资机会越差，企业越会进行多元化投资。从投资机会的角度看，或许正是因为缺乏好的投资机会，才会使得企业无所适从，从而被迫去进行多元化投资，寄希望于其中总有一些能给企业带来转机。而那些投资机会相对较好的企业，前景比较清晰，对投资的选择相对比较容易，这使得他们没有必要以试错的方式去进行投资。

通过比较回归结果，资产收益率和企业年龄这两个指标在高成长性组别都有显著的影响，但是当企业的投资机会较少时，两者的影响都不存在了。

当以熵指数为因变量时，指标的影响同样随不同的区间而不同。资产收益率和企业年龄同样在高成长性组别都有显著影响，企业规模、投资和成长机会同样在低成长性组别起到了制约作用。与以 Ln（N）为因变量的情况的差异主要表现在两点：①企业规模在高成长性组别中没有发挥显著影响；②资产负债率对两个组别都没有显著影响。这与表 5-6 中的回归结论是相吻合的。

当以企业盈利来划分区间时，回归结果又有所不同。有显著影响的基本面变量显著减少。资产负债率仅在低盈利组别对 Ln（N）有显著的影响。而托宾 Q 指标在低盈利组别却与熵指数是显著的正向关系。这与前面的低成长性组别的结论恰好相反。从盈利与多元化投资的关系来看，一般认为多元化存在着折价，盈利不好的企业多元化的动机越大。就此来看，如果一个企业的盈利比较差，那么当它面临投资机会时，它往往会去试一试，寄希望于通过多元化改变企业的盈利困境，此时投资机会的出现往往成为企业多元化投资的诱因。从资产收益率指标看，当企业的盈利较高时，它与多元化负相关；而当企业的盈利较低时，资产收益率已经不产生显著影响，这恰恰说明了盈利的重要性，也即高盈利时，盈利可以理性地制约多元化投资，而低盈利时，企业被迫要进行多元化投资，此时彼此之间的盈利差异已经无足轻重了，因为大家都面临着一个通过多元化来提高和改善盈利的问题，只要有机会，其选择就是去进行多元化的投资。

六、股权因素与多元化投资的实证研究

在对上述公司基本面研究的基础上，进一步考察在控制了基本面变量的影响之后，股权因素对企业的多元化投资会产生怎样的影响。考虑到部分股权变量之间可能存在较高的相关性，将分别引入不同的股权变量。由于 Herfindahl 指数和熵指数的相关系数很高，同样采用具有相同指示方向的 Ln（N）和熵指数来作为因变量。具体的回归结果如表 5 - 9 和表 5 - 10 所示。

表 5 - 9 Ln 与股权回归结果

行业虚拟变量	Ln 与股权					
	有	有	有	有	有	有
（Constant）	1.005955 16.24281 ***	1.185771 13.44506 ***	0.802152 15.61995 ***	0.887281 16.59301 ***	0.811319 15.53334 ***	0.824003 16.34817 ***
LEV	0.184684 3.05237 ***	0.179377 2.96766 ***	0.195754 3.22257 ***	0.203494 3.36104 ***	0.204311 3.36679 ***	0.204163 3.36342 ***
Invest	− 0.127260 − 2.264510 **	− 0.134320 − 2.39143 **	− 0.139190 − 2.468050 **	− 0.144310 − 2.56703 **	− 0.146120 − 2.59338 **	− 0.146770 − 2.60455 ***
ROA	− 0.702990 − 2.583160 **	− 0.724470 − 2.66502 ***	− 0.843990 − 3.10921 ***	− 0.815610 − 3.00693 ***	− 0.865380 − 3.18795 ***	− 0.869500 − 3.20248 ***
Year	0.009198 2.308984 **	0.008956 2.251124 **	0.013680 3.49638 ***	0.011908 3.03151 ***	0.013645 3.47807 ***	0.013476 3.43461 ***
NO1	− 0.003570 − 4.99425 ***	− 0.013170 − 3.83942 ***				
$NO1^2$		0.000111 2.85969 ***				
NO2345/1			0.044510 2.190516 **			

行业虚拟变量	Ln 与股权					
	有	有	有	有	有	有
国有股比例				-0.161360 -3.45103 ***		
法人股比例					0.046845 0.947605	
高管股比例						-0.086710 -0.334150
R^2	0.119877	0.122834	0.112586	0.115174	0.111160	0.110873
$Adj - R^2$	0.115525	0.118133	0.108198	0.110799	0.106766	0.106476
F	27.547350	26.132590	25.659440	26.325910	25.293890	25.220200
$D - W$	2.030613	2.026277	2.021701	2.021545	2.019462	2.017905

注: *** 表示显著性水平为 0.01, ** 表示显著性水平为 0.05, * 表示显著性水平为 0.1。

表 5 - 10   EDI 与股权回归结果

行业虚拟变量	Ln 与股权					
	有	有	有	有	有	有
(Constant)	0.552320 15.47708 ***	0.649999 11.09936 ***	0.373368 14.48218 ***	0.466693 16.35047 ***	0.762773 3.78893 ***	0.801753 4.09046 ***
Size					-0.017670 -1.898820 *	-0.019100 -2.08795 **
Invest				-0.084230 -2.03250 **		
ROA	-0.724020 -3.73468 ***	-0.736560 -3.80024 ***	-0.868810 -4.49961 ***	-0.802950 -4.14428 ***	-0.821620 -4.17145 ***	-0.817340 -4.14913 ***
Year	0.006132 2.105374 **	0.006004 2.062630 **	0.010287 3.60704 ***	0.008088 2.80945 ***	0.010450 3.65411 ***	0.010455 3.65271 ***
NO1	-0.003180 -5.97011 ***	-0.008440 -3.29843 ***				
$NO1^2$		6.08E - 05 2.102802 **				
NO2345/1			0.040093 2.65069 ***			

行业虚拟变量	Ln 与股权					
	有	有	有	有	有	有
国有股比例				-0.14977 -4.26233***		
法人股比例					0.034831 0.920274	
高管股比例						-0.155760 -0.805150
R^2	0.111546	0.113162	0.101105	0.106797	0.100461	0.100388
Adj - R^2	0.107521	0.108777	0.097032	0.102381	0.096014	0.095940
F	27.712420	25.807340	24.826710	24.182280	22.587510	22.569110
D - W	2.014394	2.013625	2.008989	2.006410	2.010232	2.010109

注：＊＊＊表示显著性水平为0.01，＊＊表示显著性水平为0.05，＊表示显著性水平为0.1。

　　比较表5-9和表5-10的回归结果，虽然各自进入回归模型的公司基本面变量并不完全一致，但是股权变量的结论却基本一致。从变量的方向和显著性看，第一大股东持股比例与多元化显著负相关，当引入其平方项之后，可以发现还存在显著的 U 型曲线关系。而股权制衡度与投资多元化呈显著的正向关系。国家股比例与投资多元化呈显著的负向关系，社会法人股比例与投资多元化正相关但不显著，高管持股比例与投资多元化负相关但同样不显著。实证还发现，当考虑了股权的影响之后，部分基本面因素可能会对以熵指数衡量的多元化产生一定的影响。

　　从股权集中度看，第一大股东持股比例与多元化显著负相关，这说明大股东的存在可以减少企业的多元化投资，这与一般的预期是一致的。也与饶茜、唐柳（2004）、秦拯、陈收和邹建军（2004）、艾健明（2006）、许陈生和郭烨（2006）等人的研究相一致。但是，当引入第一大股东持股比例的平方项后，本书发现股权集中度和多元化呈显著的 U 型曲线关系，而非饶茜、唐柳（2004），周晓燕（2004）等人的倒 U 型曲线关系。从控股股东的利益出发，一般认为当控股股东通过少量持股比例拥有公司的控制权时，公司控制权与现金流量权相分离，控股股东以较低的成本损失实现较高的利益萃取，股权集中会导致较多的利益侵占。但是，当控股股东持股比例达到某一阀点时，控股股东的利益与外部小股东的利益相一致，控股股东将承担利益侵占的大部分成本，股权集中与利益侵占负相关。因此，股权集中与控股股东的利益侵占程度之间呈"倒 U 型"关系①。

在前面的分析中，大股东已有积极监管，又有利益侵占假设，而更多的是扮演着对外部少数股东实施侵占的角色（胡国柳，2004）。因此认为，当大股东持股比例较低至区域临界点的左边时，此时大股东持股比例与多元化负相关，这种负相关并不一定是因为大股东发挥了监管功能而使多元化下降，恰恰相反，更有可能是大股东以股利分配、关联交易、转移定价等方式侵占公司的利益。在大股东持股比例较低时，这种直接的利益侵占成本很低，尤其形成对多元化的替代，因为此时随着大股东持股比例的增加，直接的利益侵占更加容易实现。当大股东的持股比例超过临界值时，直接的利益侵占成本是很高的，因此，大股东本身也具有减少这种侵占的内在激励，但是 U 型曲线关系意味着随着大股东持股比例的增加，多元化投资也会增加。由于本书已经分析了股利分配、关联交易等的减少，说明大股东改变了利益侵占偏好，同时说明大股东此时会偏好于进行多元化的投资。一方面这仍然有利益侵占的空间，另一方面也有可能是因为大股东自身存在

---

① 吕长江、周县华：《投资者保护、股权集中与利益侵占的时域研究》，http://focus.jrj.com.cn/08zgjrnh.html。

的缺陷，如投资饥渴症等的延续，这也恰恰说明转轨经济中大股东的不成熟，大股东将多元化视为一种继续做大做强的选择，而并不一定是简单的利益侵占。

从股权制衡度指标看，第一大股东之外的其他几个大股东是可以形成制约力量的，因此其他股东实力的增强可以有效地约束大股东的行为。理想的情况是其他股东的存在既削弱了大股东的直接利益侵占，又削弱了大股东的间接利益侵占。但是，在一个股权高度集中的国家，其他大股东的实力还很弱，不可能在公司治理中发挥如此的作用，因此只能寄希望于其他股东对大股东行为产生一定的制约。从方向上看，如果其他股东既削弱大股东的直接利益侵占，又制约大股东的多元化投资，则该指标与多元化负相关是最好的结果，因为这意味着在制约多元化投资时没有形成资源被大股东直接掏空的局面。但是，这里的显著正相关意味着其他股东没有做到这一点，但同时也意味着没有发生大股东减少投资以直接掏空公司资源的行为，即其他股东也发挥了一定的作用，进而说明当其他股东实力增强之后，其议价能力有所提高，此时相互协商的结果更容易出现多元化的投资。

国有股比例在 0.01 的置信水平下与多元化负相关，这与学术界一般认为国有股缺乏有效监督导致内部人控制下的投资多元化的预期并不一致，这说明国有股比例增加后，上市公司的投资多元化问题得到了遏制。按照前面的分析，较高的国有股会带来较多的监督，使得管理者的机会主义行为减少，或者更趋向于维持固有领域的投资以避免多元化带来的投资失败风险。就此而言，较高的国有股在多元化问题上似乎是有益的。不过在大股东影响的分析上也提到了一个问题，那就是股东具有两种不同的利益掠夺方式，如果多元化的减少带来了直接利益输送的增加，那么这种多元化的减少并不见得是好事；如果多元化的减少没有带来直接利益输送的增加，那么这种多元化的减少一定意味着该上市公司得到了有效的监督控制，公司治理机制较为有效。从这里的负相关上，只能得出股份比例的增加带来了投资专业化的结论，而其背后的逻辑路线看来仍需要进一步的研究。同时，值得注意的是在一次方上，国有股和大股东的影响都是一致的，考虑到我国上市公司的国有控股特点，这一结论与胡国柳（2005）的假设也是一致的。

社会法人股比例与投资多元化正相关但不显著。从方向上看，这意味着社会法人股东更趋向于增加投资领域，也与国有股较多的情况形成了对比，本书认为可能正是由于社会法人股东对市场的敏感和对利润的追求带来了这种正相关关系。不过，由于该结论在显著性上并没有通过，因此社会法人股比例对投资多元化的影响仍是不明确的，或者说，这里的实证研究没有发现社会法人股比例与投资多元化之间的显著关系。

高管持股比例与投资多元化之间的负相关在方向上与预期相一致，说明当管理者拥有公司股权中的更大比例时，会减少公司投资的多元化程度。这与委托代理问题的论断是一致的。不过，这种负相关同样也没有通过显著性检验，说明本书的实证研究同样没有发现高管持股比例与投资多元化之间的显著关系，这可能与中国上市公司管理者持股比例较低的现实有关。前面的描述性统计显示，上市公司高管人员持股比例总和普遍较低，在本书的样本公司中，经理者持股比例平均只有 0.007784%，最大值只有 1.224186%，与国外相比，这一比例无疑是太低了，如此低的持股比例，根本无法把高管的个人利益与公司（股东）的利益紧紧地捆在一起，因此也无法起到降低代理成本的作用，导致管理者持股比例与多元化关系不显著。这也说明今后公司治理中的股权激励问题仍是需要重点考虑的一个课题。

七、小结

企业多元化经营作为一个历久弥新的话题，引起了理论界足够的重视。其最基本的内涵可以概括为两个最基本的问题：多元化与企业价值的关系以及企业多元化的影响因素。本章将企业价值与多元化结合起来，对我国上市公司多元化的原因进行了实证研究。

本章采用上市公司所涉足行业数目的自然对数、赫芬达尔指数、熵指数三种衡量方法对上市公司的多元化程度进行了衡量，实证发现总体上上市公司会涉足 3 个行业的投资，而从彼此之间的差异看，最少的仅有 1 个行业，而最多的多达 11 个行业，样本的标准差达到了 1.651356，说明不同的上市公司之间多元化的程度存在着较大的差异。从 Herfindahl 指数和熵指数显示，指标的离散程度并不是很大，说明不同的上市公司之间多元化的程度还不是很大。三种方法之间存在较高的相关性，不过彼此之间也还存在一定的差异，这说明用多种方法来衡量多元化仍然是正确的。

以 LnN 为因变量，实证发现投资规模和资产收益率与投资多元化负相关，资产负债率和企业年龄与投资多元化正相关。分别以 H 和 S 为因变量，实证发现企业规模、资产收益率、企业年龄具有显著影响，其中企业规模与多元化负相关。

以 Ln（N）为因变量，实证发现当企业的成长性较高时，影响其投资多元化的主要因素在于企业规模、资产负债率、盈利和企业年龄。而当企业的成长性较低时，影响其投资多元化的主要因素在于企业规模、资产负债率、投资和成长性。以熵指数为因变量时，实证发现资产收益率和企业年龄同样在高成长性组别都有显著影响，企业规模、投资和成长机会同样在低成长性组别起到了制约作用。与以 Ln(N) 为因变量的情况的差异主要表现在两点：一是企业规模在高成长性组别中没有发挥显著影响，二是资产负债率对两个组别都没有显著影响。

当以企业盈利来划分区间时，实证发现资产负债率仅在低盈利组别对 Ln(N) 有显著的影响。而托宾 Q 指标在低盈利组别却与熵指数是显著的正向关系。

在控制了基本面变量的影响之后，第一大股东持股比例与多元化显著负相关，当引入其平方项之后，还存在显著的 U 型曲线关系。而股权制衡度与投资多元化呈显著的正向关系。国家股比例与投资多元化呈显著的负向关系，社会法人股比例与投资多元化正相关但不显著。高管持股比例与投资多元化负相关但同样不显著。实证还发现当考虑了股权的影响之后，部分基本面因素可能会对以熵指数衡量的多元化产生一定的影响。

第六章　上市公司变更募集资金投向的实证研究

除了前面所提到的非效率投资和盲目投资多元化问题之外，我国上市公司的投资还存在一种较为特殊的问题，那就是上市公司频繁变更募集资金投向。变更募集资金投向可以说是一种具有中国特色的投资现象，这种现象在国外比较少见，因而国外的学术界几乎没有这方面的研究。总体而言，我国上市公司频繁地变更募集资金投向，对我国资本市场的健康、稳定发展已产生较多的不利影响。针对此问题，本章将深入研究上市公司变更募集资金投向的影响因素，并根据分析结果提出对策建议，以期为规范上市企业的投资行为提供理论依据，为投资者进行股权投资提供指导，同时为中国证券市场的健康发展提供相应的政策参考。

一、文献回顾

募集资金投向变更，是指上市公司在募集资金到位后有目的地改变招股说明书（配股说明书、增发招股说明书）中公开发行股票所筹集资金的承诺用途，客观上形成原定的资金投向部分或全部改变的结果。随意变更原定的资金投向，不但会影响上市公司本身的业绩和信誉，而且会对整个资本市场的监管产生较大负面影响，不利于资本市场资源配置功能的发挥，并且会损害投资者的信心。2007 年 3 月 19 日，中国证监会制定《关于进一步规范上市公司募集资金使用的通知》，强调募集资金的使用必须符合相关法规规定，禁止上市公司挪用募集资金参与新股配售、申购，或用于股票及其衍生品种、可转换债券等的交易；要求上市公司完善募集资金存储、使用的内部控制制度，并及时履行信息披露义务；强化董事、监事和高级管理人员自觉维护公司资产安全的责任。中国证监会将把规范募集资金使用作为工作重点之一，在加强现场检查的基础上，对擅自或变相改变募集资金用途、挪用募集资金用于股票或可转换债券的投资等问题采取相应的监管措施，并规定情节严重的，将追究上市公司和相关人员责任。

募集资金变更作为一种重要的投资问题，在国外严格的监管约束下，表现得并不突出，因此已有的国外文献对此进行的直接研究相当有限。我国由于市场刚刚起步，信用环境发展不好，募集资金投向变更成为中国资本市场一个显著的问题，引起了国内学者的关注，在募集资金投向变更的表现、原因、影响和治理方面都进行了一定的研究。

（一）在募集资金投向变更的表现上

王诗才（2002）认为募集资金滥用有四大现状：一是超额募集资金现象增多，相当一部分企业以拼凑项目融资；二是在资金使用上，变更募集资金投向频繁；三是相当多的公司募集资金效益低下；四是资金闲置及委托理财日趋普遍。刘勤等人（2002）通过调查研究和相关分析认为我国上市公司频繁变更募资投向存在七个突出问题：①过度随意变更募集资金投向，募资项目的立项与变更较为随意；②任意滥用资金；③募集资金使用效果差；④资金闲置情况严重；⑤大量资金被关联方占用；⑥公司管理层缺乏管理和运营巨额募集资金的能力；

⑦募集资金使用的项目过多、过于分散，或因募集资金量过大而不计风险进行跨行业乱投资。陆兴顺（2003）通过案例分析认为上市公司变更募集资金投向信息披露存在三个主要问题：①对变更募集资金用途原因的解释过于简单；②对变更募资用途金额及其占募集资金总额比例的披露不完整；③缺乏对变更后的募资项目收入、费用的测算。刘少波和戴文慧（2004）首次将募股资金投向变更区分为隐性变更和显性变更，分析发现我国上市公司普遍且较大程度地存在变更募集资金投向问题；IPO 公司的变更面和变更程度比配股公司和增发公司更突出；隐性变更比显性变更更严重，上市公司资金闲置问题突出。

（二）　在募集资金投向变更的原因上

刘勤等人（2002）认为许多上市公司之所以随意更改募集资金投向，一方面是其纯粹出于"圈钱"的目的而随意拼凑投资项目；另一方面是其没有长远发展战略而盲目跟风追逐市场投资热点。朱武祥（2002）则从募集资金投向财务分析中的技术角度分析了四个原因：①市场调查时间不足，内容不细致，数据分析技术粗糙；②投资项目财务分析中以乐观情形为基本方案，高估收益，淡化竞争，低估风险；③风险分析方法不当，基本上流于形式，形同虚设，失去了为投资项目风险管理提供依据的意义；④只作项目角度的评估，而不分析新项目运作失败对企业整体财务风险的影响。王诗才（2002）认为上市公司募集资金滥用主要有公司内外两个方面原因：①上市过程漫长而导致市场发生巨大变化，原拟投资项目不再具有可行性；②上市公司对投资项目调查不够充分，导致招股书的项目资金投向承诺不能兑现；③上市公司肆意"圈钱"行为，导致募集资金被滥用；④募集资金发行与运用监管措施的松弛；⑤上市公司运行机制改革的滞后。童生（2004）认为目前滥用募集资金是我国上市公司运作不规范的主要表现之一，其原因：一是发行制度的缺陷致使部分劣质公司进入证券市场；二是上市公司股权结构不健全；三是上市公司缺乏创新能力而导致募集资金找不到合理投向；四是募集资金发行与运用监管措施的松弛。

（三）在募集资金投向变更的影响上

刘少波和戴文慧以 2000 年度发行股票融资的 322 家上市公司为研究样本，发现从短期看，变更募资投向对上市公司业绩有较明显的影响。陈文斌和陈超（2007）发现 A 股公司的长期盈利能力在 IPO 之后显著下降，而募集资金投入不足和投向变更可能是造成 A 股 IPO 长期盈利能力下滑的重要原因。朱云等人（2007）对 1998~2001 年沪、深两市 439 个配股样本的研究发现，超过 50% 的公司存在募集资金滥用行为，滥用募集资金的公司在再发行后的长期会计业绩和市场业绩出现恶化，未滥用公司的长期业绩并没有恶化，并由此推出募集资金滥用的"圈钱"行为是再发行后长期业绩恶化的主要原因的结论。但邹彩芬和许家林（2007）的研究发现，资本市场对农业上市公司募集资金投向变更持正面反应，农业上市公司募集资金投向变更短期内对企业经营绩效存在正显著性影响。姜锡明和刘西友（2008）则考察了募集资金投向变更后的新项目"是否取得预期收益，研究发现该部分资金的投资效果与第一大股东的关系不显著；与资金变更规模正相关；与是否投资于主营业务正相关、是否投向多元化正相关、是否发生过募集资金闲置正相关"。

（四）在募集资金投向变更原因的实证研究上

刘少波和戴文慧（2004）以 2000 年度发行股票融资的 322 家上市公司为研究样本，首次将募股资金投向变更区分为隐性变更和显性变更，分析得出的主要结论是：上市公司资产规模与资金投向变更呈显著负相关，四重约束缺失是导致上市公司变更募资投向的主要原因；从短期看，变更募资投向对上市公司业绩有较明显的影响。陈文斌和陈小悦（2005）发现第一大股东政治级别越高及财务杠杆越小的上市公司的募集资金投入程度显著性越低；上市后三年平均营业利润率越高的公司，IPO 募集资金投入程度显著越高。张为国和翟春燕（2005）发现变更募集资金投向的概率、程度与公司的规模、长期投资显著负相关；与公司持有的关联交易、闲置资金及股权集中度显著正相关。黄品奇和杨鹤（2006）发现公司盈利越好，公司质地越好，沉淀率越低；公司过度融资的情况越严重，沉淀率越高。控股股东受到的内部公司治理约束越大，从而募集资金沉淀的可能性越大。陈美玉（2007）对募集资金的投向与公司经营业绩之间的关系研究表明：上市公司募集资金正常投向的比率与上市公司的经营业绩显著正相关；对外投资与公司经营业绩在第一年有显著相关关系，但不具有持续性；募集资金变更投向与公司经营业绩之间有显著负相关关系。刘津、郭志明和李礼（2008）发现上市公司规模与资金闲置负相关；募集资金闲置与衡量公司绩效的财务指标为显著负相关；资产负债率与资金闲置负相关，流动比率与资金闲置正相关。郭昱和顾海英（2008）研究了农业上市公司 IPO 募集资金变更的影响因素，发现非流通股持股比例越高，公司首发募集资金规模越大，公司越容易变更募集资金投向；公司息税前利润越高，越不容易随意变更募集资金投向；而农业上市公司闲置资金、公司规模和再发行哑变量对募集资金是否变更没有显著影响。

（五）　在募集资金投向变更的治理上

王诗才（2002）认为应该加大上市公司股票发行特别是募集资金投资项目和投资效益的审核力度，建立上市公司股票发行的风险金制度，加大上市公司经理层绩效挂钩的力度，加大上市公司的退市力度，细化我国《证券法》中上市公司募集资金使用的有关条款，培育我国上市公司的职业经理人阶层。朱武祥（2002）从投资决策财务分析的角度建议调整政府主管部门对上市公司募集资金投资项目报批和审查环节及内容，调整募集资金投向可行性分析的要求，增加内容，在招股说明书中增强上市公司董事会对募集投资项目的评价责任，要求承销商和财务顾问等中介机构增加专业服务内容。陆兴顺（2003）建议应该建立、健全有关变更募集资金投向的审核制度、规则，增加有关变更募集资金的约束机制，规范变更募集资金信息的披露形式，规范变更募集资金信息的披露内容。童生（2004）认为应该强化募集资金使用过程的信息披露、改善上市公司的法人治理结构、加强募集资金投向的内部管理、强化对公开募集资金的法律约束。李虎（2005）认为要解决募集资金投向变更问题，不能一味地加强约束，而应树立适度约束的监管理念，减少不必要的约束和管制。

从已有研究看，目前国内学者对募资投向变更的研究较为丰富，在外在表现、影响、原因和治理方面都进行了研究，使得本书对上市公司募集资金投资的变更问题有了较好的了解。但从技术的角度看，现有研究在募集资金投资的变更方面的研究仍存在一定的缺陷。从方法上看，Logistic 模型是研究这一问题的有效方法，但这种预测对指标的时间选取有很高的要求。从时间上看，一些上市公司在募集资金之后过了几年才公布变更公告，而有些上市公司在募集资金之后很快就变更了投资方向，这两者很显然是有差别的，前者可能是因为经济的变化发生了变更行为，而后者可能在一开始融资时就已经注定要发生变更了，因此如何识别后者则可能更为重要。同时，在融资年份与公告募集资金变更相差很远的情况下，以公告年份作为事件窗口，选取前一年甚至当年的数据来进行预测研究很显然是有问题的，无法避免指标的内生性问题，也无法更好地做出预测。鉴于上述问题，本书尝试在以下两个方面进行改进研究：一是采用融资年份与变更年份较为接近的样本进行研究，以尽可能地剔除经济变化的影响而更好地考虑企业是否在 IPO 之初就存在变更动机；二是采用募集资金时的指标数据而不是采用募集资金变更公告当年的数据进行预测研究。

二、研究设计

（一）因变量界定

将募集资金投向变更与否（Y）作为因变量，并用 1 表示发生变更募资投向的公司，用 0 表示没有变更募资投向的公司。按照我国《证券法》第 20 条的明确规定："上市公司对发行股票所募集资金，必须按招股说明书资金用途使用。改变用途的，必须经股东大会批准。"上市公司变更募集资金用途的一般程序是，由董事会发布上市公司募集资金变更的公告，然后由股东大会批准。在本书中，只要上市公司变更了募集资金的投向，公布了募集资金变更的公告，并由股东大会批准通过，就被列为是募集资金变更的上市公司。

（二）募集资金投向变更解释变量及假设

在决定上市公司募集资金投资变更与否的决定因素时，本书从公司基本面、上市交易时市场反应和股权结构三大方面来进行研究。我们认为公司基本面因素是决定一个企业是否变更募集资金投向的物质因素，上市交易时市场反应是对企业的最直接的评估反应，而股权结构指标代表了人的因素的影响。

1. 公司基本面因素

在公司基本面因素方面，选取以下五个方面的指标：

（1）盈利能力。预期的盈利状况是决定项目投资的根本。现有的盈利能力则可以在一定程度上反映企业的项目选择能力。如果企业的盈利能力较高，则这些优质企业有能力寻找更好的项目进行投资。而那些现有盈利能力较差的企业，项目选择能力通常较弱，募集资金到位后，这些盈利水平低的公司往往热衷于寻找投资回报率更高的项目进行投资，因此更容易出现变更投资的行为。虽然企业在上市之时一般都具有较好的盈利状况，当然这里面也不排除盈余管理等的结果，因此上市之前的高盈利也并不一定能决定未来的盈利状况。本书以上市之前的净资产收益率（ROE）来表示企业的盈利状况，对募集资金变更概率与募集资金前的净资产收益率的关系不做假设。则：

净资产收益率 = 净利润/净资产

（2）企业规模。Jalilvand 和 Harris（1984）认为，大企业的信息不对称问题与代理问题相对较小，其所拥有的有形资产也较多，破产的风险较小，因此大企业较容易进入长期负债市场，其融资的成本较低，融资能力较强。与大企业相比，小企业的风险较大，小公司的管理者通常都持有较高比例的股份，这使得股东与债权人之间的代理问题在小公司中显得更严重。同时，大企业会受到各方面的监管，在投资项目的选择上会比较谨慎，所以在募集资金后不会轻易变更。本书以上市时总资产的自然对数（Size）来表示企业的规模，并假设变更募集资金投向的概率和上市时的资产规模负相关。则：

Size = Ln（总资产）

（3）资产负债率。债务有利于减少股东之间的代理成本，这对股东的行为产生影响。Hart 和 Moore（1995）认为硬债务能够约束管理层的乱花钱行为，这对企业变更募集资金投向同样也会产生约束。不过，如果公司上市之前负债较多，很可能会盲目地拼凑一些项目作为募集资金的借口，以解决资金短缺的燃眉之急。募集资金到手后，又找各种理由来说明原来的项目效益差，别的项目好等来变更募集资金投向。同时，债务对企业未来的融资也会产生限制，这使得高杠杆的企业更容易发生募集资金变更行为。本书假设变更募集资金投向的概率和公司上市时的资产负债率（LEV）正相关。则：

资产负债率＝负债/总资产

（4）首发融资规模。公司的首发融资规模越大，资金越多，发生募集资金变更的可能性就越大。另外，首发融资规模越大，受到的关注就越多，监管就越严，融资变更的可能也就越低。因此两者的关系是不确定的。这里对募集资金变更概率与首发融资规模的关系不做假设。本书以两个指标来考察融资规模：一是募集资金的自然对数（Rsize）；二是募集资金与总资产的比值（R/C）。则：

Rsize＝Ln（募集资金）

R/C＝募集资金/总资产

（5）成长性。在经典的投资理论中，托宾 Q 是指，一个企业的资产市场价值与其重置成本（生产这些资产的成本）之比。其含义是当 Q＞1 时，市场价值高于重置成本，此时增加资本的成本将小于资本收益现值，因而投资者有利可图，应当投资；当 Q＜1 时，市值低于重置成本，投资应被抑制。本书以上市公司上市首日收盘价计算的 Q 值来衡量市场的评价，反映公司未来的成长机会。则根据上市日的收盘价来计算托宾 Q，有：

Q＝（总股本×上市日收盘价＋负债）/总资产

2. 上市日市场反应指标

在上市交易时市场反应方面，选取上市首日市净率和上市首日换手率这两个指标。

（1）上市首日市净率。市净率是企业股票市价和每股净资产的比值，代表市场对企业股权价值的评价，将该指标乘以总股本，可以发现该指标可以改写成权益市场价值和净资产的比值，若在分子分母中都加上负债，则变成了Q指标，因此，该指标和Q指标具有很强的相关性，在一定程度上可以反映市场对企业未来的成长评价。上市首日市净率用符号 PN 表示。

（2）上市首日换手率。换手率 =（成交股数/当时的流通股股数）×100%。按时间参数的不同，在使用上又划分为日换手率、周换手率或特定时间区间的日均换手率等。本书采用上市首日的换手率。一般来讲，新股首日上市换手率都较高，大多在50%左右。反过来说，首日上市换手率如果不能超过50%，就算是比较低了。这说明了两种情况：一是投资者不看好该股后期发展；二是其本身定位已经较高，短线投资价值较小。新股上市首日换手率越高越好，因为在新股申购的时候，股票是以现金进行申购中签获得的，持股相当分散，而在上市首日出现极高的换手率，则说明吸筹积极。相反，则说明交投清淡，但未必是不好的事情。新股上市首日换手率高表示买卖较活跃，有主力资金介入，意味着后市将会有好的表现。如果换手率偏低，主力资金难以聚集筹码，则后市将会面临震荡反复的疲软走势，直至完成筹码交换过程后才有机会表现。上市首日换手率用符号 Exchange 表示。

3. 股权结构指标

在股权结构方面，选取以下的两大类指标：

（1）股权集中与股权制衡。由于制度安排和历史的原因，我国上市公司第一大股东存在相当大动机占用上市公司资金，第一大股东的持股比例越高，导致股权越集中，则其越有能力做出变更资金投向的决策。同时，当大股东持股比例超过一定界限时，其与上市公司的利益越发一致，变更募集资金的行为将会大大减少。本书以第一大股东的持股比例（NO1）来表示股权集中度。

考虑到不同股东之间的相互影响，本书以第一大股东持股比例和与前十大股东的持股比例和的比值来表示股权制衡，用符号 NO1/10 来表示，该比值越大，说明股权制衡越小。

（2）股权比例。本书分别计算招股后的流通股比例（LIQ）、国有股比例（State）和社会法人股比例（Society），预期国有股比例与变更募集投资概率成反比，流通股比例、社会法人股与变更募集投资概率成正比。

（三）研究数据与模型方法

考察 2004～2008 年公告发生募集资金变更投向的上市公司数据。由于有些上市公司募集资金年份很早，而公布募集资金变更的年份很迟，使得这两个时间之间有很长的一段距离。因此，除了按公告时间确定样本之外，进一步把该样本中 2004 年之前的上市公司去掉。因此，在选择没有发生募集资金变更的上市公司时，这些 IPO 公司的融资时间是 2003～2008 年（研究数据全部取自国泰君安数据库）。剔除掉数据不全的上市公司，一共得到 208 个首发样本，其中变更募集资金投资计划的上市公司达到了 103 个，未变更投资计划的上市公司为 105 家。总的来说，在数据齐全的上市公司中，变更募集资金投资计划的现象还是比较普遍的。

在研究募集资金投向变更的决定因素时，通过采用 Logistic 回归方法来研究上市公司变更投向的原因。其实证模型为：

$$Ln\left[\frac{p}{1-p}\right] = \beta_0 + \beta_i Y_i + \varepsilon \qquad (6-1)$$

式中：Y_i 表示解释变量；ε 表示残差。

三、实证研究

首先对解释变量进行描述性统计检验。从表6-1的结果看，这些新上市企业的资产负债率也超过了50%，企业的盈利状况是比较好的，净资产收益率均值达到了18.14%。从规模上看，企业融资规模与总资产的比值指标的差异是比较大的，该指标的均值达到了82.13%，说明上市融资对这些企业来说都是十分重要的。从Q指标看，其均值是比较高的，远高于一般企业的Q指标，说明市场对这些首发上市企业给予了很高的成长性评价；但该指标的最小值为1.17472，Q>1，说明这些企业的市场价值高于重置成本，进行新的投资是有利可图的。

表6-1 变量描述性统计检验

	N	Mean	Median	Std. Deviation	Minimum	Maximum
ROE	208	18.14158654	16.52000	10.30198	0.08000	65.29000
LEV	208	53.45990385	55.12000	14.14975	0.66000	90.63000
Size	208	20.04799215	19.82549	1.13768	18.48212	24.87739
Rsize	208	19.69610232	19.51929	0.79157	18.32031	23.43132
R/C	208	82.13289571	73.79490	43.71617	7.20483	234.78310
Q	208	5.22624331	4.54203	2.81106	1.17472	19.69115
PN	208	10.12860577	9.23500	5.46333	1.56000	34.31000
Exchange	208	58.54807690	57.00000	13.52780	26.00000	94.00000
NO1	208	43.22216731	44.24500	15.09339	6.14000	75.62000
NO1/10	208	65.21109327	64.95617	22.84420	16.65762	98.85889
State	208	33.31037174	38.57128	28.69980	0	84.64987
Society	208	26.66817161	11.72370	28.34134	0	84.64987
LIQ	208	31.24611709	31.86953	7.25943	7.40141	49.70484

在市场评价方面，上市首日市净率的均值为 10.13，说明市场价格相当于净资产的 10 倍，企业上市的市场溢价是比较高的。从上市首日换手率看，均值达到了 58.55%，超过了 50% 的新股上市换手率标准，并且略高一些，说明总体市场反应良好。

在股权结构指标方面，第一大股东的持股比例平均达到了43.22%，占前十大股东持股总数之和的 65.21%，说明股权的集中程度还是很高的，相应的股权制衡较有限。而在不同性质的股权方面，国有股、社会法人股和社会公众股都在 30% 左右。

由于指标众多，直接进行回归会带来多重共线性等很多问题。因此，首先对各指标进行组间均值检验，该方法可以从众多指标中找出有利于做出分组判断的有效指标。从表 6 - 2 的结果看，在这些指标中，投资发生变更和投资未发生变更的组相比，存在显著性差异的指标包括净资产收益率、资产规模、首发融资额对数、融资额/总资产、Q、上市首日市净率、上市首日换手率和流通股比例。这也意味着这八个指标是进行投资变更与否判断的有效指标。从表 6 - 2 的组间均值来看，募集资金投向发生变更的上市公司在净资产收益率、融资额/总资产、Q、上市首日市净率和流通股比例这五个指标上指标数值更好一些，也就是说具有较高这些指标的企业更容易发生投资方向变更。但同样是融资规模，首发融资额对数与融资额/总资产的表现并不一致，这里的均值检验更多的是说明指标之间的显著差异，而不能更准确地说明这些指标与投资方向变更概率之间的关系。

在选定了这八个指标之后，进一步通过相关性检验来考察这些指标之间的相关性。从表 6 - 3 的检验结果看，这些指标之间存在较为严重的相关性问题。如上市首日市净率和 Q 指标之间的相关性达到了88.32%，首发融资额对数和资产规模指标之间的相关性达到了86.42%，因此，为了避免指标之间高度相关的影响，在进行实证研究

表 6-2　分类样本的组间均值检验

	变更样本均值	未变更样本均值	t	df	Sig.(2-tailed)	Mean Difference	Std. Error Difference	95% Confidence Interval of the Difference	
								Lower	Upper
ROE	19.94087	16.37657	2.52705	206.0000	0.012254	3.56430	1.410461	0.78351	6.34509
LEV	53.35476	53.56305	-0.10589	206.0000	0.915771	-0.20829	1.967011	-4.08634	3.66976
Size	19.74330	20.34688	-3.95889	206.0000	0.000104	-0.60359	0.152464	-0.90418	-0.30300
RSIZE	19.56190	19.82774	-2.45077	206.0000	0.015089	-0.26584	0.108472	-0.47970	-0.05198
R/C	93.21198	71.26484	3.73136	206.0000	0.000246	21.94714	5.881801	10.35089	33.54338
Q	5.78185	4.68122	2.87229	206.0000	0.004501	1.10063	0.383189	0.34516	1.85611
PN	11.23359	9.04467	2.94199	206.0000	0.003635	2.18893	0.744029	0.72204	3.65581
Exchange	0.55252	0.61781	-3.58790	191.4751	0.000423	-0.06529	0.018196	-0.10118	-0.02939
NO1	42.72449	43.71036	-0.47011	206.0000	0.638776	-0.98587	2.097123	-5.12045	3.14870
NO1/10	64.65146	65.76007	-0.34919	206.0000	0.727302	-1.10862	3.174808	-7.36790	5.15067
State	32.31010	34.29159	-0.49694	206.0000	0.619762	-1.98149	3.987389	-9.84281	5.87984
Society	24.57574	28.72075	-1.05489	206.0000	0.292713	-4.14502	3.929348	-11.89190	3.60187
LIQ	32.21849	30.29226	1.93151	190.2153	0.054906	1.92623	0.997267	-0.04089	3.89336

时不把指标全部代入，而是根据指标之间的相关性进行组合，这样，本书的实证模型可以具体表示为：

$$\text{Ln}\left[\frac{p}{1-p}\right] = \beta_0 + \beta_1 \text{ROE} + \beta_2 \text{Size} +$$

$$\beta_3 \text{Exchange} + \beta_4 \text{LIQ} \qquad (6-2)$$

$$\text{Ln}\left[\frac{p}{1-p}\right] = \beta_0 + \beta_1 \text{PN} + \beta_3 \text{Exchange} + \beta_4 \text{LIQ} \qquad (6-3)$$

$$\text{Ln}\left[\frac{p}{1-p}\right] = \beta_0 + \beta_1 \text{ROE} + \beta_2 Q + \beta_3 \text{Exchange} +$$

$$\beta_4 \text{LIQ} \qquad (6-4)$$

表 6 – 3　指标相关性检验

	ROE	PN	Exchange	Size	R/C	R/C	LIQ
ROE	1						
PN	0.471395193						
	6.64803E – 13	1					
Exchange	– 0.054454296	0.1274					
	0.434685984	0.0668	1				
Size	– 0.210102355	– 0.4840	0.024083989				
	0.002319463	1E – 13	0.729868000	1			
Rsize	– 0.037180417	– 0.2330	– 0.088411142	0.86419			
	0.593911363	0.0007	0.204124602	2.29E – 63	1		
R/C	0.318044188	0.6442	– 0.163676041	– 0.63191	– 0.215320		
	2.84944E – 06	9E – 26	0.018162076	1.39E – 24	0.001788	1	
LIQ	– 0.129023396	0.1432	– 0.106991955	– 0.32473	– 0.255490	0.293407	
	0.063260095	0.0391	0.124004724	1.71E – 06	0.000196	1.70E – 05	1
Q	0.336070385	0.8832	0.127706205	– 0.56522	– 0.261870	0.802103	0.115279
	6.94943E – 07	1E – 69	0.066027090	5.9E – 19	0.000133	5.22E – 48	0.097299

采用 SPSS13.0 进行二分类 Logistic 回归。表 6 – 4 显示了对模型
（6 – 2）、模型（6 – 3）和模型（6 – 4）分别进行二分类 Logistic 回归
的结果，其中 A 表示指标全部进入的回归结果，B 表示剔除不显著变
量后的回归结果。从模型（6 – 2）的回归结果看，当代入净资产收益
率、企业规模、上市首日换手率和流通股比例四个指标后，流通股比
例并不显著。因此，剔除掉不显著的流通股比例，可以发现净资产收
益率和投资变更概率显著正相关，企业规模和投资变更概率显著负相
关，上市首日换手率和投资变更概率显著负相关。从模型（6 – 3）的
回归结果看，当代入上市首日市净率、上市首日换手率和流通股比例

三个指标后，流通股比例并不显著，因此，剔除掉不显著的流通股比例，可以发现上市首日市净率和投资变更概率显著正相关，上市首日换手率和投资变更概率显著负相关。从模型（6－4）的回归结果看，

表6－4　二分类 Logistic 回归结果

	(6-2)		(6-3)		(6-4)	
	A	B	A	B	A	B
ROE	0.02870986	0.02621901			0.02696320	
	3.133592**	2.765894**			2.60424400	
Size	−0.47202519	−0.51231611				
	7.92573***	10.43154***				
Q					0.14696247	0.18920855
					5.652520**	10.29809***
PN			0.09598017	0.10123374		
			9.74165***	10.88452***		
Exchange	−3.66089924	−3.78130684	−4.39230751	−4.51723858	−4.15364456	−4.45315284
	9.99322***	10.89117***	13.77245***	14.76682***	12.22519***	14.50276***
LIQ	0.01706177		0.02214093		0.03121295	
	0.50413200		1.11283000		2.10792400	
Constant	10.50245261	11.95956561	0.88118642	1.59631451	0.17293646	1.59131960
	7.45813***	13.13444***	0.83368500	5.31561***	0.02705500	5.248813**
−2 Log likelihood	256.78500500	257.28809600	262.10763060	263.22777900	259.83037530	263.90021680
Cox&Snell R Square	0.14071842	0.13863755	0.11844604	0.11368578	0.12804495	0.11081580
Nagelkerke R Square	0.18763034	0.18485577	0.15793292	0.15158571	0.17073187	0.14775900

注：＊＊＊表示显著性水平为 0.01，＊＊表示显著性水平为 0.05，＊表示显著性水平为 0.1。

当代入净资产收益率、托宾 Q、上市首日换手率和流通股比例四个指标后，净资产收益率和流通股比例都不显著，因此，剔除掉不显著的净资产收益率和流通股比例，可以发现托宾 Q 和投资变更概率显著正相关，上市首日换手率和投资变更概率显著负相关。

综合以上结果可以得出：企业上市前盈利水平与投资变更概率显著正相关，上市时成长性和上市首日市净率与投资变更概率显著正相关，企业规模与投资变更概率显著负相关，上市首日换手率与投资变更概率显著负相关，流通股比例指标在其他指标存在时都没能与投资变更概率显著相关。

从实证结果看，高成长性企业面临着较多的投资机会，项目选择的空间较大，在未来发生投资变更的可能性较大，因此投资者在投资这些企业时应充分估计其在未来的变更可能性。企业规模与投资变更概率显著负相关，这印证了大企业由于受到各方面的有效监管而谨慎选择投资项目的观点。同时，企业规模与募集资金规模的高度相关性，印证了首发融资规模越大，关注和监管越多越严，融资变更概率越低的观点。

实证结果在企业盈利上得出了不同的结论。实证结果显示，上市前较高盈利的企业往往容易变更投资计划。对此的一种解释是较高的盈利背景带来后续盈利的持续压力，因为中国的上市公司在上市后其盈利一般是下滑的，前面盈利越高，后面的压力就越大，发生机会主义行为的可能性也就越大。另外也不能排除上市前资本运作的可能，如通过包装提高盈利、虚拟项目以实现融资，然后在融资后改变资金投向，这在中国资本市场也有较大的普遍性。当然，对于融资前和融资后盈利与企业的关系，还有待于后续的研究才能得出更加客观的结论。

上市首日换手率是市场对股票短期评价的重要指标，该指标越高，说明市场对企业的短期评价越好。该指标与投资变更概率负相关也说明了主力选股的重要判断力，也就是说，他们对这些企业具有较好的短期评价，而且这些企业也比较稳健，不会随意变更投资，这从另一方面也反映了市场的有效性问题，说明市场评价相对于一般的财务指标对企业投资变更与否具有更好的预测作用。

从股权角度看，虽然不少的研究表明股权集中度和不同性质的股权存在差异，会带来代理成本的差异进而影响企业的投资行为。本书的实证表明，就早期来看，股权结构的差异可能存在，但并不大，且这种差异主要存在于流通股比例上。虽然均值检验的结果显示流通股比例已经存在差异，而且从方向上看，高比例流通股的上市公司具有更高的投资变更概率，但是与其他指标相比，流通股并不是决定企业募集资金投资方向变更的显著因素。或许随着时间的推进，企业的股权情况会发生变化，对企业投资也会产生不同的影响。但本书的研究表明，早期的股权状况并不会显著影响企业投资方向的变更，而规模、盈利、市场反应等指标才是影响和预测投资方向变更的主要力量。

四、小结

本章从公司基本面、上市交易时市场反应和股权结构三大方面对上市公司首发募集资金投资方向变更的影响因素进行了研究。

通过对各指标进行组间均值检验，发现投资发生变更和投资未发生变更的组相比，存在显著性差异的指标包括净资产收益率、资产规模、首发融资额对数、融资额/总资产、托宾 Q、上市首日市净率、上市首日换手率和流通股比例，意味着这八个指标是进行投资变更与否判断的有效指标。

鉴于指标之间存在较为严重的相关性问题，根据指标之间的相关性进行了模型组合，二分类 Logistic 回归显示企业上市前盈利水平、上市时成长性和上市首日市净率与投资变更概率显著正相关，企业规模和上市首日换手率与投资变更概率显著负相关，股权结构指标对投资变更概率没有显著影响。

第七章　结论与对策建议

一、主要研究结论

（一）投资过度与投资不足的研究结论

本书实证发现，我国有相当数量的非金融类上市公司存在非效率投资现象，其中投资不足的样本数要多于投资过度的样本数，表明投资不足问题可能更严重。在公司基本面因素中，资产增长率、债务期限结构、现金流和企业年龄这四个主要因素，是决定企业非效率投资行为的最基本因素，而资产负债率、企业规模和销售额增长与非效率投资具有一定的相关性但不显著，股权变量虽然可能对投资有影响，但相对而言并不重要。进一步地考察投资过度与投资不足问题最严重组别的情况，发现上述四个主要因素仍然保持稳健，同时还发现国有股比例与非效率投资负相关，第一大股东持股比例与投资负相关；在引入二次项后，第一大股东持股比例与投资呈 U 型曲线关系。这一结果意味着：

（1）与过度投资相比较，投资不足的问题应引起更多的重视，尤其是对上市时间较长的企业。实证结果表明，很多非金融类上市企业的实业投资是不足的，这种不足可能是由于现金流等物质支持的下降或盈利下降带来的结果；但也存在一种可能，那就是它们将资金用于偏离主业的金融投资，而这种行为往往会严重影响企业的可持续发展。尽管金融投资有可能让非金融类企业的财务状况得到一定的改善，但并不能直接提升企业的产业竞争力和自主创新能力。同时，金融投资在带来巨大收益机会的同时往往也蕴藏着巨大的财务风险，近期许多非金融类上市企业因高价位投资股权或证券所产生的巨大亏损就是最为直接的证据。因此，对于上市时间较长的非金融类企业来说，如何通过用好新增投资来提高企业的竞争力和盈利水平是应予关注的重点问题。

（2）应进一步发挥债务对企业投资的约束功能。实证结果表明，债务不仅有利于减少企业的代理成本，更可以约束管理层的机会主义行为，当前债务杠杆和企业未来投资增长将呈负相关关系。从实证结果看，资产负债率与投资负相关但不显著，说明债务尽管能遏制投资，但作用并不明显，这与我国现阶段所存在的债权人保护不力、股权融资成本失真等因素是联系在一起的。因此，进一步加强融资体制改革、完善破产清算制度、提高债权人保护程度等措施是发挥债务的治理和约束功能的有效手段，从而体现债务对企业非效率投资行为的有效抑制，最终实现债务提升企业价值的目的。

（3）在关注企业自身微观基本面因素的基础上，应进一步改善上市公司的股权结构。本书的研究表明，公司基本面是影响企业投资过度还是投资不足的关键因素，但合理的股权结构也是促使企业进行适度投资的重要保障。因此对于上市企业本身而言，它们应根据自己的基本面情况量力而行进行投资活动；对于相关的产权和监督部门而言，就需要进一步增强产权主体的经济意识，继续完善公司治理、优化股权结构，妥善解决大股东尤其是国有股"一股独大"的问题，同时加强并保障国有股东的监督及时到位。

（二）多元化投资研究结论

采用上市公司所涉足行业数目的自然对数、赫芬达尔指数、熵指数三种衡量方法对上市公司的多元化程度进行衡量，并区分不同的情况进行相应的回归分析，发现不同的指标衡量的多元化存在一定的差异：以 Ln（N）为因变量时，投资规模和资产收益率与投资多元化负相关，资产负债率和企业年龄与投资多元化正相关；分别以 H 和 EDI 为因变量时，企业规模、资产收益率、企业年龄具有显著影响，其中企业规模与多元化负相关；进一步区分了不同的成长区间和盈利区间后，不同情况下不同的指标具有不同的影响。实证结果意味着：

（1）企业应该慎用多元化战略。尽管我国对公司多元化与公司绩效的关系仍存在一定的争议，但是多元化折价已经得到了更多的认可。本书虽然没有直接去研究多元化对企业绩效的影响，但实证研究发现，资产收益率显著的与多元化程度负相关，也就是只有盈利不好的企业才更多地去选择多元化。因此，对于目前经营良好的企业，应该继续做好自己的主营业务，而不是去进行多元化。否则，也会被市场视为一种公司业绩即将反转的不良信号。

（2）企业要维持生命长青必须处理好多元化问题。任何企业都有一个生命周期的问题，保持企业的长盛不衰是每一个企业家的理想。但中国企业的寿命普遍较短，企业上市之后，不少上市公司往往是一年盈、二年平、三年亏，第四年就"ST"了。本书的实证研究发现，企业年龄与多元化投资显著正相关，说明上市时间越长，面临的周期问题越严重，越容易采取多元化的投资，而多元化投资又非常容易带来盈利下降的恶果，使企业陷入恶性循环。因此，在企业的成长过程中必须有效地把握多元化的方向，做到生命周期的顺利衔接与发展，这样才能保证企业的长盛不衰。

（3）困境企业要合理利用多元化战略。当缺乏投资机会时，投资机会越差的企业越会进行多元化投资，而对那些盈利不好的企业，投资机会的出现往往成为企业多元化投资的诱因。因此，对这两种困境企业来说，多元化已经成为其摆脱困境的一种选择，这就要求它们必须更好地发挥多元化提高资源配置效率，减少市场需求的不确定性，盘活资本存量的优势。否则，多元化会促使这些困境企业进一步走向衰退的泥潭。

（4）多元化的外部约束机制需要进一步的完善。多元化作为企业重要的投资行为，会受到多方面的制约。对股权和公司治理的研究可以导出相应的外部治理建议。仅就本书对基本面因素的研究而言，资产负债率与投资多元化正相关，债务并没有对多元化投资起到明显的制约作用。因此，进一步加强债权人保护，发挥债务治理的功效可以说也是多元化外部约束机制需要进一步完善的一个重要方面。

（三）募集资金投向变更研究结论

本书从公司基本面、上市交易时市场反应和股权结构三大方面对上市公司首发募集资金投资方向变更的影响因素进行了研究。通过对各指标进行组间均值检验，发现净资产收益率、资产规模、首发融资额对数、融资额/总资产、托宾Q、上市首日市净率、上市首日换手率和流通股比例这八个指标存在显著差异。二分类Logistic回归显示企业上市前盈利水平、上市时成长性和上市首日市净率与投资变更概率显著正相关，企业规模和上市首日换手率与投资变更概率显著负相关，股权结构指标对投资变更概率没有显著影响。该回归结果意味着：

（1）从实证结果看，企业上市前的财务状况是决定其未来投资变更的重要因素。因而，加强发行之前的财务审查，加大上市公司股票发行特别是募集资金投资项目和投资效益的审核力度，增加有关变更募集资金的约束机制仍是十分重要的。

（2）从市场反应情况看，市场反应指标在一定程度上能够有效判断未来的变更概率。因而，为了进一步增强市场的有效性，强化市场信息披露的准确性和及时性也是必要的。

（3）虽然股权结构暂时没有显著影响，但本书的研究也并没有说明未来可能的影响情况。因而优化股权结构、改善上市公司的法人治理结构这一长期的基础性工作也仍是题中应有之义。

二、上市公司非效率投资行为的治理

除了上述的直接政策建议之外，对上述投资问题的研究使得本书对中国上市公司的投资行为有了更好的理解，上市公司投资的非理性与非效率是当前我国上市企业在诸多约束条件下的必然选择。要治理上市公司的非理性与非效率投资行为，必须内外兼修，从多方面、多角度采取措施，以直接或者间接的方式对其投资行为进行约束。

（一）以股权分置改革为契机，进一步优化股权结构

2005年股权分置改革的进展为解决股权结构的二元化迈出了重要的一步。但应该看到，股权分置改革的成功并没能解决所有的问题。在加快股改的同时，更应该关注股改所带来的股权结构调整和相应的治理结构改善，才有可能实现股改后理性的投资行为。现阶段我国上市公司优化股权结构的策略是适当调整上市公司的股权集中度，适当降低第一大股东的持股比例，形成多元化的投资主体，形成股权相互制衡的局面，限制大股东攫取控制权私人收益的行为。同时在股权性

质上，要继续进行国有股的减持工作，增强国有产权的监督。

（二）提高管理者素质，完善管理者股权激励机制

减少管理者的代理成本必须提高管理者的素质。要进一步完善经理人市场，通过建立职业经理人评价委员会和职业经理人事务所，实现从全社会优化配置人力资源，使在位的经理人面临更大的职业竞争压力，又能够使企业所有者充分利用市场机制对经理人进行约束，减少经理人的机会主义行为。同时，要通过合理的激励机制，使企业经理的目标与股东一致。要承认高层管理者特殊的贡献，从形式上突破国有企业收入分配的限制。在提高经理人员的收入标准之外，改革我国证券市场锁定经理层持股的制度，通过股权有效地激励管理人员，提高管理者的持股比例，把经理人的利益和企业的利益结合起来。

（三）完善公司治理结构，建立理性、科学和规范的投资决策制度

完善的公司治理结构可以在内部约束企业的投资行为，对大股东、外部控股股东、管理者形成有效的约束。应加强董事会、监事会建设，强化独立董事的独立身份和董事身份，使企业中的责、权、利达到平衡。在有效的公司治理约束下，建立程序性和规范化的投资决策模式，最大限度地排除个人意志和绝对权力对决策的影响，抛弃仅凭高层管理者个人心理、情感、喜好、作风、胆略、价值观和经验，纯粹依赖于个人感观直觉的精英型、直觉型和随意型决策模式，建立理性、科学的投资决策制度和透明、规范的决策程序过程。

（四）硬化分红约束，倡导理性分红文化

在成熟的市场经济环境中，现金分红导致的股权融资成本的增加是公司投融资行为的有力约束。当前我国上市公司债务融资成本远高

于股权融资成本的一个重要原因就是上市公司的现金分红太少。尽管目前相关的法规已将上市公司分红派息作为再融资时的重点关注事项，但是这种约束并没有对上司公司形成强有力的约束。为了抑制上市公司股权再融资过滥的现状，证监会要对股票市场发放现金股利提出硬指标，在再融资资格审查时要考察上市公司前期的股利分配政策，切实改变股利分配过程中重送、配股，轻现金分红的现象，加大股权融资的成本，从成本上约束上市公司的投资行为。

（五）关注资金运用，实施动态考察

为了避免上市公司通过股权再融资进行"圈钱"，除了前面的提高再融资标准外，还应该注重事后的考察。上市公司必须定期对再融资资金的使用情况予以披露，要提高上市公司再融资资金使用的透明度。再融资之后再融资资金的使用数额、计划投资的进度、项目收益与预期的一致情况等应作为重点考察对象，将这些情况作为其下一次再融资资格审查的重要依据。同时，提高对大股东占款和更改募集资金投向行为制的处罚，从动态的角度对上市公司进行约束。

（六）发挥机构投资者功能、培养理性投资理念

在一个成熟的证券市场上，机构投资者的功能主要被认为体现在稳定市场和改善上市公司治理结构两方面。机构投资者至少从以下两方面对上市公司的投资行为产生影响：机构投资者对收益稳定性的关注有助于二级市场形成良好的投资理念，既有利于避免不必要的市场波动，又从收益方面对上市公司形成了一定的约束，硬化了股权融资的成本，对投资项目选择产生影响；机构投资者参与上市公司的治理会对大股东产生一定的制约，直接影响公司投资的相关决策。2000 年初，中国证监会提出了超常规发展机构投资者的政策，有力地促进了机构投资者队伍的发展。近几年来随着中国证券市场的发展，基金、证券公司、保险公司等机构投资者有了一定的发展，证券市场机构投资者比例有所提高，机构投资者结构有所改善。但是在上述功能的发挥方面，我国的机构投资者仍然存在许多的问题，主要表现在：机构投资者实力有待增强、重视资本重组和金融投资而对公司未来的发展普遍缺乏长远规划、看重短期盈利而缺乏长远投资眼光、参与公司治理意识淡薄，这些都极大地制约了机构投资者对上市公司投融资行为应有的影响。因此，在进一步扩大机构投资者队伍、完善机构投资者结构的同时，必须着重机构投资者理性投资理念的培养，有效发挥机构投资者在公司投融资决策过程中应有的影响。

参 考 文 献

（一）英文部分

［1］ Agrawal, A. , Jaffe, J. F. , and Mandelker, G. N. Thepost － merger Performance of Acquiring Firms: are － examination of Ananomaly. Journal of Finance, 1992, 47, 1605 － 1621.

［2］ Ahn, Seoungpil and Denis, David J. Internal Capital Markets and Investment Policy: Evidence From Corporate Spinoffs. Journal of Financial Economics, 2004, 71, 486 － 516.

［3］ Alchian, A. and Demsetz, H. , Production, Information Costs and Economic Organisation, The American Economic Review, 1972, 62, 777 － 795.

［4］ Amey, L. R. Diversified Manufacturing Business, Journal of the Royal Statistical Society, Series A. 1964, 127 , 251 － 290.

［5］ Amit, Raphael and J. Livnat Diversification and Risk － return Trade － off. Academy of Management Journal, 1988, 31, 154 － 166.

［6］ Amihud Y, Lev B. Risk Reduction as a Managerial Motive for Conglomerate Mergers. The Bell Journal of Economics, 1981, 12, 605 － 617.

［7］ Anderson, R. C. , Bates T. W. , Bizjak J. M. and Lemmon M. L. , "Corporate Governance and Firm Diversificaiton", Fianacial Management,

2000, 29, 5 - 22.

[8] Barber, B. M. , and Lyon, J. D. Detecting Long - run Abnor-malstock Returns: the Empirical Power and Specification of Test Statistics. Journal of Financial Economics, 1997, 43, 341 - 372.

[9] Beiner, Stefan and Schmid, Markus M. , Agency Conflicts, Corporate Governance, and Corporate Diversification - Evidence from Switzerland. Working Paper, 2005.

[10] Bengt Holmstrom. Moral Hazard in Teams. The Bell Journal of Economics, 1982, 13, 324 - 340.

[11] Berry, Charles H. Corporate Growth and Diversification, Princeton University Press, Princeton, 1975, 62, 79 - 90.

[12] Bond, S, and C. Meghir. Dynamic Investment Models and the Firms, financial policy, Review of Economic Studies, 1995, 61, 197 - 222.

[13] Booz, Allen & Hamilton, Diversification: A survey of European Chief Exectives, Booz, Allen and Hamilton, Inc. , NY, 1985.

[14] Carpenter, Robert E. , Steven M. Fazzahi, and Bruce C. Petersen. Inventory Investment, Internal - Fluctuations, and the Business Cycle. Brookings Pap. Econ. Act, 1994, 2, 75 - 122.

[15] Chenery, H. B. Overcapacity and the Acceleration Principle. Econometrica, 1952, 20, 1 - 28.

[16] Chun Chang. Capital Structure as Optimal Contracts. Journal of Economics and Finance, 1999, 10, 363 - 385.

[17] Chun Chang. Capital Structure as an Optimal Contract Between Employees and Investors . The Journal of Finance, 1992, 47, 1141 - 1158.

[18] Clark, J. Maurice. "Business Acceleration and the Law of Demand: A Technical Factor in Economic Cycles", The Journal of Political

Economy, 1917, 25, 217 – 235.

[19] Cleary, S. The Relationship between Firm Investment and Financial Status. Journal of Finance, 1999, 54, 673 – 692.

[20] Coase R. H. The Nature of the Firm. Economica, New Series, 1937, 16, 386 – 405.

[21] Comment, R. , Jarrell, G. A. , Corporate focus and stock returns. Journal of Financial Economics, 1995, 37, 1243 – 1271.

[22] Dale W. Jorgenson. Capital Theory and Investment Behavior. American Economic Review, 1963, 53, 247 – 259.

[23] Denis DJ, Denis DK, Sarin A. Agency problems, equity ownership, and corporate diversification. Journal of Finance, 1997, 52, 135 – 160.

[24] Demirguc – Kunt, Asll & Maksimovic, Vojislav, Institutions, Financial Markets, and Firms' Choice of Debt Maturity. Policy Research Working Paper Series, 1996. http: //econ. Worldbank. org.

[25] Demsetz, Harold and Kenneth Lehn. The Structure of Corporate Ownership: Causes and Consequences, Journal of Political Economy, 1985, 93, 1155 – 1177.

[26] Diamond, Douglas W. Reputation Acquisition in Debt Markets. Journal of Political Economy , 1989, 97, 828 – 862.

[27] Duesenberry, James S. Income, Saving and the Theory of Consumer Behavior. Cambridge, Mass: Harvard University Press, 1949.

[28] Fama, E. F. , and M. H. Miller. The theory of Finance. Holt, Rinehart and Winston, New York, 1972.

[29] Fama, E. Agency Problems and the Theory of the Firm. Journal of Political Economy, 1980, 88, 288 – 307.

[30] Franco Modigliani and M. H. Miller. The Cost of Capital, Cor-

poration Finance, and the Theory of Investment. American Economic Review, 1958, 48, 261 – 297.

[31] Franco Modigliani and M. H. Miller. Corporate Income Taxes and the Cost of Capital: A Correction. American Economic Review, 1963, 53, 433 – 443.

[32] Fazzari, S., Hubbard, G., Peterson, B. Financing Constraints and Corporate Investment. Brookings Paper on Economics Activity, 1988, 1, 141 – 206.

[33] Gedajlovic, Eric R. Motomi HaIhimoto. Ownership structure, Investment Behavior and Firm Performance in Japanese Manufacturing Industrial. ERIM Reprot IerieI ReIearch in Mangement, 2001. 2, www. erim. eur, nl.

[34] Gollop, F. M. Monahan, J. L. A. Generalized Index of Diversification: Trends in U. S. Manufacturing. Review of Economics and Statistics, 1991, 73, 318 – 330.

[35] Gort M. Diversification and Integration in American Industry, Princeton University Press, 1962.

[36] Grossman, Sanford J. and Oliver Hart. Corporate Financial Structure and Managerial. Incentives, The Economics of Information and University, University of Chicago press, Chicago, 1982.

[37] Hart, O. and Moore, J. Debt and Seniority: an Analysis of the Role of Hard Claims in Constraining Management. American Economic Review, 1995, 85, 567 – 585.

[38] Hart, Oliver and James Moore. Default and Renegotiation : A Dynamic Model of Debt. MIT Working Paper No. 520, 1989.

[39] Hoshi, T., Kashyap, A. and Scharfstein, D. Corporate Structure, Liquidity, and Investment: Evidence from Japanese Industrial Groups.

Quarterly Journal of Economics, 1991, 106, 33 – 60.

[40] Hubbard, R. Glenn. Capital Maret Imperfections and Investment. Journal of Economic Literature, 1998, 36, 193 – 227.

[41] Hubbard, R. G. , and Palia, D. , Are Examination of the Conglomerate Merger Wave in the 1960s: An Internal Capital Market – s View. Journal of Finance, 1999, 54, 1131 – 1152.

[42] Hyland, David C, J. David Diltz. Why Firms Diversify: An Empirical Examination. Financial Management 31, 51 – 58.

[43] Jacquemin, A. P. and C. H. Berry. Entropy Measure of Diversification and Corporate Growth. The Journal of Industrial Economics, 1979, 27, 359 – 369.

[44] Jalilvand, A. and Harris, R. S. Corporate Behaviour in Adjusting to Capital Structure and Dividend Targets: an Econometric Study, Journal of Finance, 1984, 39, 127 – 145.

[45] Jensen, Michael, and William Meckling. Theory of Firm: Managerial Behavior, Agency Costs, and Ownership Structure. Journal of Financial Economics, 1976, 4, 305 – 360.

[46] Jensen, M. C. Agency Cost of Free Cash Flow, Corporate Finance and Takeovers. American Economic Review, 1986, 323 – 329.

[47] Jorgensen D. W. Capital Thory and Investment Behavior. American Economic Review, 1963, 53, 247 – 259.

[48] Jorgensen D. W. Econometric studies of investment behavior: a review. Journal of economic Literature, 1971, 9, 1111 – 1147.

[49] Kaplan, Steven, and Luigi Zingales. Do Financng Constraints Explain Why Investment is Correlated With Cash Flow? Quarterly Journal of Economics, 1997, 112, 169 – 215.

[50] Khanna, T., and Palepu, K. Why Focused Strategies Maybe Wrong Formerging Markets. Harvard Business Review, 1997, 125 – 132.

[51] Khaoula SADDOUR, The Determinants and the Value of Cash Holdings: Evidence from French firms. http: //www. dauphine. fr /cereg/cahiers_ rech/cereg 200606. pdf.

[52] Komai, J. Economics of Shortage. Amsterdam : North – Holland, 1980.

[53] Kovenock, Dan and Gordon Phillips. Capital Structure and Product Market Behavior: An Examination of Plant Exit and Investment Decision. Review of Financial Studies, 1997, 10, 767 – 803.

[54] Koyck, L. M. Distributed Lags and Investment Analysis (North – Holland: Amsterdam), 1954.

[55] La Porta, R., Lopez – de – Silanes, F. and Shleifer, A. Corporate ownership around the world. Journal of Finance , 1999, 54, 471 –518.

[56] Lang, L. and Litzenberger, R. Dividend Announcements: Cash flow signaling vs. free cash flow hypothesis. Journal of Financial Economics, 1989, 24, 181 –191.

[57] Lang L, E. Ofek and RM Stulz. Leverage, Investment, and Firm Growth. Journal of Financial Economics, 1996, 40, 3 – 30.

[58] Lang, Larry H. P. and René M. Stulz. Tobin's q, Corporate Diversification, and Firm Performance. Journal of Political Economy, 1994, 102, 1248 – 1280.

[59] Liu Yang. What Has Motivated Diversification: Evidence from Corporate Governance . University of Maryland , Working Paper.

[60] Malmendier, Ulrike and Tate, Geoffrey Alan, CEO Overconfi-

dence and Corporate Investment. 2002, 13 http：//papers. ssrn. com/sol3/papers. cfm? abstract_ id =354387.

[61] Malmendier, Ulrike, Georey Tate. Who Makes Acquisitions? CEO Overconfidence And the Market, Sreaction, NBER Working Paper No. 10813. 2003.

[62] Mills K. , S. Morling and W. Tease. The Influence of Financial Factors on Corporate Investment. Reserve Bank of Australia Research Discussion Paper, 1994, http：//www. rba. gov. au/rdp/RDP9402. pdf.

[63] Mills, K. , Morling, S. and Tease, W. The Influence of Financial Factors on Corporate Investment, The Australian Economic Review, 1995, 50 – 64.

[64] Mitchell Karlyn. The Call, Sinking Fund, and Term – To – Maturity Features of Corporate Bonds： A Empirical Investigation. Journal of Financial and Quantitative Analysis, 1991, 201 –222.

[65] Myers, S. and Majluf, N. Corporate Financing and Investment Decisions When Firms Have Information that Investors do Not have. Journal of Financial Economics 13, 1984, 187 –221.

[66] Myers S. , "Determinants of corporate borrowing", Journal of Financial Economics, Vol. 5, 147 –175, 1977.

[67] Meyer, J. R Kuh, E. The Investment Decision： An Empirical Study. Harvard University Press. Boston, 1957.

[68] Myers, S. C. and N. S. Majluf. Corporate Financing and Investment Decisions when Firms Have Information Investors Do Not Have. Journal of Financial Economics, 1984, 13, 187 –221.

[69] Montgomery, C. A. Coporate Diversification, Journal of Economic Perspectives, 1994, 8, 163 –178.

[70] Manohar, Singh, Ike, Mathur, Kimberly, C, Gleason. Corporate Governance and Performance Implications of Diversification Strategies: Evidence from Large U. S. Firms. Financial Review, 2004, 39.

[71] Odean, Terrance. Do Investors Trade Too Much? American Economic Review American Economic Review, 1999, 89, 1279 - 1298.

[72] Parrino, Robert, Allen M. Poteshman, and Michael S. Weisbach. Measuring Investment Distortions when Risk - Averse Managers Decide Whether to Undertake Risky Projects. Financial Management Spring, 2005, 21 - 60.

[73] Peyer, Urs C. , and Shivdasani, Anil. Leverage and Internal Capital Markets: Evidence from Leveraged Recapilizations. Journal of Financial Economics, 2001, 59, 477 - 515.

[74] Porter, M. E. Competitive Strategy, New York: The Free Press, 1980.

[75] Porter, M. E. Competitive Advantage, New York: The Free Press, 1985.

[76] Pitts, R. A. and H. D. Hopkins. Firm diversity: conceptualization and measurement, Academy of Management Review, 1982, 7, 620 - 629.

[77] Rajan, R. , L. Zingales. Financial dependence and growth. American Economic Review, 1998, 88, 559 - 586.

[78] Ross. S. Compensation, Incentives and the Duality of Risk Aversion and Riskiness. Journal of Finance, 2004, 59, 207 - 225.

[79] Richardson, S. Over - invest of Free Cash Flow. Review of Accounting Studies, 2006, 11, 159 - 189.

[80] Rumelt, R. P. Strategy, Structure and Economic performance.

Cambridge, MA: Harvard University Press, 1974.

[81] Samuelson, P. A. Interactions Between the Multiplier Analysis and the Principle of Acceleration. Review of Economics and Statistics, 1939, 21 , 75 – 78.

[82] Schiantarelli, F. , Sembenelli, A. Form of Ownership and Financial Constraints: Panel Data Evidence From Flow of Funds and InveStment Equations. Empirica, 2000, 27, 175 – 181.

[83] Shleifer, A. and Vishny, R. W. Large Shareholders and Corporate Control. Journal of Political Economy, 1986, 94, 461 – 488.

[84] Sheng – Syan Chen , Kim Wai Ho , Cheng – Few Lee , Gillian H. H. Yeo. Investment opportunities, free cash flow andmarket reaction to international joint ventures Journal of Banking & Finance, 2000, 24, 1747 – 1765.

[85] Shleifer, A. , and Vishny, T. W. A survey of corporate governance. Journal of Finance, 1997, 52, 737 – 783.

[86] Sheng – Syan Chen & Kim Wai Ho. Corporate diversification, ownership structure, and firm value. International Review of Financial Analysis, 2000, 9315 – 9326.

[87] Stiglitz Joseph, Andrew Weiss. Credit Rationing in Markets with Imperfect Information. American Economic Review, 1981, 71, 393 – 410 .

[88] Stulz, R. Managerial Discretion and Optimal Financing Policies. Journal of Financial Economics, 1990, 26, 3 – 28.

[89] Suto, M. Capital Structure and Investment Behavior of Malaysian Firms in the 1990s: A Study of Corporate Governance before the Crisis. Corporate Governance, 2003, 11, 25 – 39.

[90] Sven – Olof Collin . Corporate Governance and Strategy: A Test

of the Association Between Governance Structures and Diversification on Swedish Data . Corporate Governance: An International Review, Vol. 8, No. 2, April 2000.

[91] Teece, David J. Economies of Scope and the Scope of the Enterprise. Journal of Economic Behavior and Organization, 1980, 1, 223.

[92] Tobin, James. A General Equilibrium Approach to Monetary Theory. Journal of Money, Credit, and Banking, 1969, 1, 15 – 29.

[93] Titmans, Wesseler. The determinants of capital structure choic. Journal of Finance, 1988, 43, 1 – 19.

[94] Vogit, S. T. The Cash Flow/Investment Relationship: Evidence from U. S. Manufacturing Firms, Financial Management, 1994, 23, 3 – 20.

[95] Vafeas, N. Board Meeting Frequency and Firm Performance. Journal of Financial Economics, 1999, 53, 113 – 142.

[96] Wen, Y. , Rwegasira, K. and Bilderbeek, J. Corporate Governance and Capital Structure Decisions of Chinese Listed Firms. Corporate Governance: An International Review, 2002, 10, 75 – 83.

[97] Weinberg, B. A. A Model of Overconfidence. Working Paper, Ohio State University, 2006.

[98] White T. Debt, Liquidity Constrains, and Corporate Investment: Evidence from Panel Data. Journal of Finance, 1992, 9, 1425 – 1460.

[99] Wrigley L. , Divisional autonomy and diversification, unpublished doctoral dissertation, 1970.

[100] Wiggins. J. B. The Relation between Risk and Optimal Debt Maturity and the Value of Leverage. Journal of Financial and Quantitative Analysis, 1990, 377 – 386.

[101] Zwiebel Jeffrey. Dynamic Capital Structure under Managerial Entrenchment. The American Economic Review, 1996, 86, 1197 – 1215.

[102] Zhang, A., Y. Zhang and R. Zhao. Profitability and productivity of Chinese industrial firms: measurement and ownership implications, China Economic Review, 2002, 1091 – 1136.

（二） 中文部分

[1] 布赖恩·科伊尔. 公司理财. 中信出版社，2003

[2] 艾健明. 负债程度、高管层报酬与公司绩效. 改革与战略，2006 （4）

[3] 巴尼. 获得与保持竞争优势. 清华大学出版社，2003

[4] 陈美玉. 募集资金投向对公司经营业绩的影响分析——来自上市公司的证据. 财会通讯（学术版），2007 （11）

[5] 陈文斌，陈小悦. 大股东代理问题与 IPO 募集资金的使用. 南开管理评论，2005 （3）

[6] 陈文斌，陈超. 上市公司关于新股发行募集资金使用的信息披露研究. 商业研究，2007 （4）

[7] 陈文斌，陈超. 新股上市后盈利能力下滑及募集资金使用分析. 管理科学学报，2007 （4）

[8] 戴维·贝赞可，戴维·德雷诺夫. 企业战略经济学. 北京大学出版社，1999

[9] 范从来，王海龙. 上市公司资本结构与公司投资行为之间关系的实证研究. 当代财经，2006 （11）

[10] 郭昱，顾海英. 农业上市公司 IPO 募集资金投向变更动因研究——一个 Logistic 回归模型. 华南农业大学学报（社会科学版），2008 （1）

［11］郭昱，顾海英．首发募集资金投向变更的影响因素研究．统计与决策，2008（11）

［12］胡建平，干胜道．钱多办"坏"事：自由现金流量与过度投资．当代财经，2007（11）

［13］胡建平，干胜道．公司自由现金流量的治理成本及治理效率最优化研究．会计师，2008（2）

［14］胡维平．美国企业多元化经营动因的归核化因素．商业时代，2004（8）

［15］胡国柳．股权结构与企业理财行为研究．中国人民大学出版社，2006（5）

［16］黄品奇，杨鹤．上市公司募集资金沉淀的成因．统计与决策，2006（15）

［17］洪乐平．对我国上市公司资本结构与财务风险的反思——来自沪深两市的经验数据．当代财经，2004（4）

［18］姜锡明，刘西友．自愿性信息披露动因及载体探讨．中国管理信息化，2008（1）

［19］姜付秀．我国上市公司多元化经营的决定因素研究，管理世界，2007（9）

［20］李玲．上市公司多元化经营的实证研究．证券市场导报，1998（5）

［21］李鑫．自由现金流、现金股利与中国上市公司过度投资．证券市场导报，2007（10）

［22］李鑫．股权结构、自由现金流与企业过度投资——基于中国上市公司的实证研究．新疆社会科学（汉文版），2008（1）

［23］李鑫，孙静．公司治理对上市公司过度投资约束效应的实证研究．宁夏大学学报（人文社会科学版），2008（1）

[24] 李维安，姜涛．公司治理与企业过度投资行为研究——来自中国上市公司的证据．经济与管理研究，2007（12）

[25] 李善民，朱滔．多元化并购能给股东创造价值吗．管理世界，2006（3）

[26] 林毅夫，李志赟．政策性负担、道德风险与预算软约束．经济研究，2004（2）

[27] 罗琦，肖文翀，夏新平．融资约束抑或代理冲突：中国上市企业投资——现金流敏感度的经验证据．中国工业经济，2007（9）

[28] 刘津，郭志明，李礼．上市公司募集资金闲置与公司绩效的实证研究．经济问题探索，2008（4）

[29] 刘洋．公司治理：结构与中国上市公司治理问题研究．复旦大学出版社，2004

[30] 刘力．多元化经营及其对企业价值的影响．经济科学，1997（3）

[31] 刘昌国．公司治理机制、自由现金流量与上市公司过度投资行为研究．经济科学，2006（4）

[32] 陆正飞，韩霞，常琦．公司长期负债与投资行为关系研究——基于中国上市公司的实证研究．管理世界，2006（1）

[33] 陆兴顺．对上市公司变更募集资金投向信息披露的建议．经济师，2003（11）

[34] 刘勤，陆满平，寻晓青，何才元．变更募集资金投向及其监管研究．证券市场导报，2002（1）

[35] 刘少波，戴文慧．我国上市公司募集资金投向变更研究．经济研究，2004（5）

[36] 梁莱歆，张焕凤．中国上市公司 R&D 支出及其经济效果的实证研究．科学学与科学技术管理，2006（7）

[37] 梁莱歆，张焕凤．高科技上市公司 R&D 投入绩效的实证研究．中南大学学报（社会科学版），2005（2）

[38] 李宗民，张立强．多元化动因探析．集团经济研究，2006（5）

[39] 李增泉，孙铮，王志伟．"掏空"与所有权安排——来自我国上市公司大股东资金占用的经验证据．会计研究，2004（12）

[40] 李虎．我国上市公司募集资金投向的多元化与变更——战略与绩效视角的实证研究．经济科学，2005（1）

[41] 吕长江，周县华．投资者保护、股权集中与利益侵占的时域研究，http：//focus.jrj.com.cn/08zgjrnh.html

[42] 罗琦，肖文翀，夏新平．融资约束抑或代理冲突：中国上市企业投资——现金流敏感度的经验证据，2007（9）

[43] 马如静，唐雪松，贺明明．我国企业过度投资问题研究——自证券市场的证据．经济问题探索，2007（6）

[44] 倪桂平，张晖．上市公司的业绩、股权结构与多元化经营研究．山东工商学院学报，2005（4）

[45] 潘一峰．沪市上市公司多元化经营战略与企业绩效关系之实证研究．浙江大学博士学位论文，2004

[46] 蒲蓉，赵红梅．试析经营审计的必要性．江苏工业学院学报（社会科学版），2003（4）

[47] 秦拯，陈收，邹建军．中国上市公司多元化经营绩效的实证分析．湖南师范大学社会科学学报，2004（2）

[48] 饶育蕾，汪玉英．中国上市公司大股东对投资影响的实证研究．南开管理评论，2006（5）

[49] 饶茜，唐柳等．中国上市公司多元化经营与股权结构关系的实证研究．经济管理，2004（2）

[50] 宋敏，张俊喜，李春涛．股权结构的陷阱．南开管理评论，2004（1）

[51] 宋宇，钟宏萍．国有股比例、企业规模与多元化经营关系的初步实证研究．http：//bbs. itpmp. org/redirect. php？fid = 43 &tid = 569&goto = nextoldset

[52] 童盼，陆正飞．负债融资、负债来源与企业投资行为——来自中国上市公司的经验证据．经济研究，2005（5）

[53] 童生．规范上市公司募集资金使用行为分析．广东经济管理学院学报，2004（5）

[54] 唐雪松，周晓苏，马如静．上市公司过度投资行为及其制约机制的实证研究．会计研究，2007（7）

[55] 魏锋，冉光和．管理层持股比例下的公司投资行为与公司价值．重庆大学学报（自然科学版），2006（7）

[56] 魏明海，柳建华．国企分红、治理因素与过度投资．管理世界，2007（4）

[57] 王艳辉，杨帆．债务结构对上市公司过度投资约束的实证研究．现代管理科学，2007（3）

[58] 王化成，胡国柳．股权结构在公司治理中的效率及作用．湖南大学学报，2004（3）

[59] 王化成，胡国柳．股权结构与企业投资多元化关系：理论与实证分析．会计研究，2005（8）

[60] 王诗才．论上市公司资金运用的现状与对策．华中科技大学学报，2002（4）

[61] 吴晓求．中国资本市场：股权分裂与流动性变革．中国人民大学出版社，2004

[62] 西蒙．西蒙选集．首都经济贸易大学出版社，2002

[63] 邢敏，阎存岩，李博．上市公司非效率投资行为分析及优化对策．经济问题，2007（5）

[64] 辛清泉，林斌．债务杠杆与企业投资：双重预算软约束视角．财经研究，2006（7）

[65] 许陈生，郭烨．我国上市公司的股权结构与多元化战略．广东财经职业学院学报，2006（5）

[66] 尹义省．适度多角化．上海三联书店，1999

[67] 易行健，杨碧云，聂子龙．多元化经营战略、核心竞争力框架与股权结构．南开管理评论，2003（2）

[68] 张功富．资本结构、投资行为与企业竞争优势——来自中国上市公司的经验证据．中国会计学会2006年学术年会

[69] 周晓燕．保险公司建立和实施增值型内部审计研究．西南财经大学，2005

[70] 秦拯，陈收，邹建军．中国上市公司的多元化经营与公司治理结构．中国管理学报，2004（2）

[71] 朱武祥．上市公司募集资金投向决策分析．证券市场导报，2002（4）

[72] 朱云，吴文锋，吴冲锋，芮萌．圈钱行为与后果——募集资金滥用与再发行长期业绩恶化．上海交通大学学报，2007（7）

[73] 邹彩芬，许家林．农业上市公司募集资金投向变更实证研究．财会月刊（理论版），2007（5）

[74] 张为国，翟春燕．上市公司变更募集资金投向动因研究．会计研究，2005（7）

[75] 张功富，宋献中．财务困境企业资本投资行为的实证研究——来自中国上市公司的经验证据．财经理论与实践，2007（3）

[76] 张文魁．国有大股东占用资金是一条潜规则．上海证券

报，2004. 8. 11

[77] 周杰. 管理层股权结构对我国上市公司投资行为的影响. 天津商学院学报，2005（3）

[78] 周晓燕. 长江三角洲地区上市公司多元化行为的实证分析. 财经研究，2004（1）

[79] 周晓艳，王凌云. 股权结构、多元化与公司绩效. 江苏社会科学，2003（6）

[80] 赵红梅. 我国上市公司过度投资与公司资本结构分析. 中国管理信息化，2007（8）

[81] 赵红梅，蒲蓉. 上市公司过度投资成因及对策. 财会通讯（理财版），2008（1）

[82] 中国证券报社. 2003 年上市公司速查手册. 新华出版社，2003

致　谢

　　本书从酝酿、构思到成文期间，正好经历了我国资本市场在新世纪的第一次剧烈波动，以及西方市场经济国家由于次贷危机的爆发而由繁荣走向快速衰退的历程。作为一个研究并投身于金融领域的经济工作者，可谓感同身受，获益颇深。在如此不确定的环境下，企业作为经济社会的基本单位，如何实现稳健投资、规避风险，从而保持企业可持续良性发展，真正实现基业长青，不断地为企业相关利益者创造价值，的确是一个值得各方学者潜心钻研的重大课题。假如本书的研究成果能为学术界在公司金融研究方面提供一些有益的参考，这将是作者的荣幸；当然，文责自负。

　　本书的顺利出版是多方关怀的结果。感谢中国社会科学院工业经济研究所金碚所长以及李海舰、杜莹芬、王钦等各位研究员对作者的支持与帮助。感谢林鸿、卢晟、程建伟，没有他们的悉心关照，本研究不可能如此顺利地完成。中国社会科学院工业经济研究所副所长黄速建研究员在繁忙的工作之余为本书拨冗作序，经济管理出版社为本书的出版做了大量工作，在此深表谢意。

2013 年 8 月